GRIECHISCHE MYTHOLOGIE

HERAKLES

Gebrüder Stefanides

GRIECHISCHE MYTHOLOGIE

HERAKLES

Neu erzählt von Menelaos Stefanides
Zeichnungen von Jannis Stefanides

Übersetzung
Christina Tell

SIGMA

HERAKLES
ISBN: 960-425-072-8

PUBLISHED AND PRINTED IN GREECE
Mavromichali Str. 20, Tel. 3607667, Fax 3638941
GR-106 80 ATHEN, GRIECHENLAND

HEROEN – so nannte man kühne, starke Männer, die in Seele, Geist und Körper vollkommen waren. Und wenn sie in Wirklichkeit nicht all die Eigenschaften besaßen, die ihnen die Menschen jener sagenumwobenen, fernen Vergangenheit in ihrer Phantasie zuschrieben, so existierten sie doch. Denn Helden gab es zu allen Zeiten, und das wird sich nie ändern. Solange es Feigheit gibt, gibt es auch Mut, solange es Lasterhaftigkeit gibt, gibt es auch Tugend, solange es Kleinlichkeit gibt, gibt es auch geistige Größe. Das Böse bringt das Gute hervor wie der Winter den Frühling. Die einfachen Menschen lieben Helden. Sie glauben an sie und schöpfen Kraft aus ihrem Vorbild – jene Kraft, die die Menschheit voranbringt.

INHALT

EIN HEROS WIRD GEBOREN

Die Geschichte von der Geburt des Herakles

In jenen alten Zeiten, als die Menschen glaubten, daß die Welt vom allmächtigen Zeus beherrscht wurde, lebte in Griechenland ein Heros, den alle liebten und achteten, mehr noch als so manchen Gott. Herakles war sein Name, und seine unglaublichen Taten sollten für immer im Gedächtnis der

Menschheit bleiben.

Die Gestalt dieses Heros war so gewaltig, daß sie weit über die engen Grenzen einer einzelnen Region hinausragte. Herakles wurde zum Helden des ganzen Landes, auf ihn gründeten sich die Hoffnungen und Sehnsüchte aller Griechen.

Bekanntlich war das Griechenland jener Zeit in viele kleine Stadtstaaten unterteilt, die häufig gegeneinander Krieg führten. Dennoch sprach man überall die gleiche Sprache, verehrte die gleichen Götter, liebte das Leben und den Frieden. So kam es, daß bei den griechischen Stämmen allmählich der Wunsch nach einem einheitlichen Staat heranreifte.

Freilich blieb dieses Anliegen vorerst ein Traum. In der Mythologie fand es jedoch in der Geschichte von Herakles' Geburt auf bildhafte Weise Niederschlag.

Die Menschen glaubten damals, daß alle wichtigen Angelegenheiten von den Göttern des Olymp geregelt wurden. Sie waren der Überzeugung, daß auch Zeus die Einheit aller Griechen wollte, und daß er aus diesem Grund beschlossen hätte, einen Sohn zu zeugen, der stark genug wäre, die griechischen Stadtstaaten zu vereinen. Dabei war es nur selbstverständlich, daß die Stadt, in der der Sohn des Göttervaters herrschen würde, die reichste und mächtigste von allen sein müßte. Es kam also keine andere in Frage als das goldreiche Mykene.

Mykene war einst von dem großen Heros Perseus, ebenfalls ein Sohn des Zeus, gegründet worden. Als er starb, bestieg sein Sohn Elektryon, der neun Söhne und eine Tochter hatte, den Thron.

Diese Tochter, Alkmene mit Namen, war die schönste und klügste Frau auf der Welt. Volles, seidiges Haar umrahmte ihr liebliches Antlitz, und ihre ausdrucksvollen Augen wurden von langen, schwarzen Wimpern betont. Sie erfüllte in der Tat alle Voraussetzungen, um zur Ahnherrin eines Heroengeschlechtes zu werden. Es war gewiß, daß aus ihrer Verbindung mit dem Göttervater der größte Held aller Zeiten hervorgehen würde. Aus diesem Grund wählte Zeus unter allen sterblichen und unsterblichen Frauen Alkmene aus, um sie zur Mutter des Herakles zu machen.

Nun war Zeus bereits mit Hera verheiratet, doch entweder wollten die Menschen damals glauben, daß ihre Helden und Könige von einem Gott abstammten, oder einigen Herrschern gefiel es, von sich zu behaupten, daß sie Söhne des Zeus seien. Jedenfalls hielt man es für vollkommen selbstverständlich, daß die Götter Kinder zeugten, mit welcher Frau es ihnen gerade gefiel. Wie dem auch sei, es hieß, daß Herakles das letzte Kind war, das Zeus mit einer anderen Frau hatte.

Wie schon so oft zuvor benutzte der Göttervater eine List,

um bei Alkmene an sein Ziel zu gelangen. Dennoch mußte er lange warten, bis sich eine günstige Gelegenheit bot.

Wir wollen aber die Geschichte von vorn beginnen.

Alkmenes Vater hatte versprochen, sie Amphitryon, dem König von Troizen, zur Frau zu geben. Doch dann wurde Mykene das Opfer eines Überfalls, und die Hochzeit mußte verschoben werden. Alkmenes Brüder verloren im Kampf gegen die Eindringlinge ihr Leben. Es handelte sich um die fürchterlichen Teleboer, die aufgrund ihrer lauten Stimmen berüchtigt waren. Sie hatten Elektryons Herden geraubt und wollten nun den Thron von Mykene an sich reißen. Als ihnen dies mißlang, trieben sie die Tiere in die Elis und trugen dem dort herrschenden König Polyxenos auf, sie gut zu verstecken. Amphitryon spürte das Vieh auf und brachte es gegen ein Lösegeld nach Mykene zurück, in dem Glauben, seinem zukünftigen Schwiegervater damit einen Gefallen zu tun.

Elektryon indessen geriet außer sich vor Zorn.

"Mit welchem Recht verkauft Polyxenos gestohlenes Gut", schrie er Amphitryon an, "und wie konntest du diesen schmachvollen Handel akzeptieren!"

"Bei den Göttern, ich wollte dir nur helfen!" erwiderte Amphitryon. "Mögen diese Herden in die finsteren Tiefen der Unterwelt hinabfahren, sie sind es nicht wert, daß ihretwegen Menschen umkommen."

Wütend schleuderte er seine mächtige Keule zwischen die Tiere. Diese unüberlegte Tat sollte schwerwiegende Folgen haben. Die Keule prallte von den Hörnern eines Stiers ab und traf Elektryon am Kopf, so daß er tot zu Boden sank.

Nach dem erwähnten Zwischenfall wurde Elektryons Bruder Sthenelos Herrscher über Mykene, während Amphitryon, der seine Unvorsichtigkeit inzwischen bitter bereute, auf den Thron von Troizen verzichtete – woraufhin dieser ebenfalls Sthenelos zufiel – und nach Theben zog, das zu jener Zeit von König Kreon regiert wurde.

Er konnte aber Alkmene nicht vergessen, deshalb schickte er einen Boten nach Mykene. Der Mann hatte den Auftrag, die Königstochter um Verzeihung für Amphitryons unbeabsichtigte Tat zu bitten und sie zu fragen, ob sie trotz alledem noch bereit sei, seine Frau zu werden.

Jetzt nutzte Zeus die Gelegenheit, um Alkmene eine Antwort einzugeben, die seinen Plänen entgegenkam.

“Ich werde Amphitryon unter einer Bedingung zum Mann nehmen”, verkündete sie dem Boten. “Sobald die Hochzeitsfeierlichkeiten vorbei sind, muß er unverzüglich in den Krieg gegen die Teleboer ziehen, um den Tod meiner Brüder zu rächen. Das ist nicht nur in meinem Sinn, ich glaube, auch mein Vater hätte es so gewollt.”

Amphitryon, der alles getan hätte, um Alkmene für sich

zu gewinnen, war sofort bereit, auf ihre Forderung einzugehen. Er wußte freilich nicht, wie er zu einem Heer kommen sollte, denn er selbst besaß ja keines mehr. Schließlich blieb ihm nichts anderes übrig, als den König von Theben um Hilfe zu bitten.

"Ich werde dir geben, was du verlangst" war dessen Antwort, "wenn du Theben von dem Teumessischen Fuchs befreist."

Hierbei handelte es sich um eine blutrünstige Bestie, die ihre Höhle am Berg Teumessos hatte und das ganze Gebiet von Theben in Angst und Schrecken versetzte. Den Thebanern war von einem Orakelspruch geraten worden, jeden Monat einen Knaben auszusetzen, damit das Raubtier sie die übrige Zeit verschone.

Ein derartiges Opfer mochte zwar gleichermaßen hart erscheinen, aber es blieb ihnen keine andere Wahl, war es doch unmöglich, den Fuchs zu töten, der so schnell lief, daß ihn weder Mensch noch Tier einholen konnte, und der obendrein unter dem Schutz Poseidons stand.

Aus dieser hoffnungslosen Situation half Amphitryon Kephalos, der König von Athen, indem er ihm Lailaps lieh, einen Hund, der von den Göttern die Gabe bekommen hatte, niemals seine Beute zu verlieren.

Der König von Athen legte Amphitryon ans Herz, ihm

... Der Hund, dem kein Wesen zu entfliehen vermochte,
jagte den Fuchs, den niemand einholen konnte ...

den Hund so schnell wie möglich zurückzubringen. “Lailaps ist ein heiliges Tier”, fügte er hinzu, “Zeus selbst hat ihn einst Europa, der Tochter des Agenor, zum Geschenk gemacht.”

Amphitryon nahm den Hund und ging mit ihm auf die Jagd nach dem Teumessischen Fuchs. Schon bald hatte Lailaps das Raubtier aufgespürt, und es begann eine wilde Hatz. Der Hund, dem kein Wesen zu entfliehen vermochte, jagte den Fuchs, den niemand einholen konnte. Wer würde die Oberhand behalten? Diese Frage stellten sich nicht nur Amphitryon und die Thebaner, sondern auch die Götter, die sich versammelt hatten, um über die Angelegenheit zu beraten. Sollte es Lailaps gelingen, den Fuchs zu fangen, so wäre das, was von den Schicksalsgöttinnen ein für allemal festgehalten wurde, in Zukunft nicht mehr glaubwürdig, denn sie hatten geschrieben, daß das Tier von niemandem eingeholt werden könnte. Dazu kam noch, daß alle Poseidons Zorn fürchteten, unter dessen Schutz es stand. Sollte der Fuchs aber entkommen, dann wäre wohl die göttliche Gabe des Hundes nicht viel wert. Und wer wollte es schon darauf anlegen, den Unwillen des Göttervaters heraufzubeschwören, der den Sieg von Lailaps forderte. Schließlich fand der mächtige Zeus eine Lösung, die sowohl für ihn selbst als auch für die übrigen Götter akzeptabel schien - er ließ beide Tiere zu Stein erstarren.

Unter diesen Umständen war es Amphitryon natürlich nicht möglich, dem König von Athen seinen heiligen Hund zurückzugeben. Deshalb überließ er ihm später eine der Inseln, die er von den Teleboern erbeutete, und Kephalos war es zufrieden. Die Insel wurde nach ihrem neuen Herrscher Kephalonia genannt.

Theben aber war endlich von dem monatlichen blutigen Opfer befreit, und Amphitryon bekam sein Heer. Noch dazu eines, das dem Retter der thebanischen Kinder bedingungslos ergeben war. Jetzt konnte er Alkmene ruhigen Gewissens entgegentreten, und ihrer Hochzeit stand nichts mehr im Wege. Nach der offiziellen Zeremonie verabschiedete sich Amphitryon von seiner Frau und zog an der Spitze des Heeres in den Kampf gegen die Teleboer.

Alkmene aber zog sich in ihre Gemächer zurück, um dort auf ihren Mann zu warten, den sie in den Krieg geschickt hatte, obwohl sie ihn von ganzem Herzen liebte.

Die Dinge nahmen damit ihren Lauf, wie es Zeus, der mächtige Herrscher über Götter und Menschen, geplant hatte.

Der Göttervater ließ einige Tage vergehen, dann nahm er Amphitryons Gestalt an und betrat mit überschwenglicher Begeisterung Alkmenes Zimmer.

“Sieg! Ein glorreicher Triumph! Wir haben die Teleboer

geschlagen!" Mit diesen Worten schloß er "seine Frau" in die Arme und küßte sie. Lebhaft berichtete er ihr von der Schlacht, die er geführt hatte, wobei er ihr in allen Einzelheiten Szenen beschrieb, in denen er sich besonders hervorgetan hatte.

Die Verwandlung war perfekt! Alkmene hegte nicht den geringsten Verdacht, sie nahm Zeus, den sie für ihren Mann hielt, mit großer Freude auf und verbrachte mit ihm eine lange, glückliche Nacht.

Zeus hatte dafür gesorgt, daß sie die Länge von drei gewöhnlichen Nächten besaß. Er hatte Hermes beauftragt, Helios zu befehlen, daß er den ganzen Tag in seinem strahlenden Palast bleiben sollte, ohne seine Reise über den Himmel anzutreten.

Von dort aus war der Götterbote geradewegs zu den Horen geflogen und hatte sie daran gehindert, die geflügelten Rosse vor den glänzenden Wagen des Sonnengottes zu spannen. Damit war dieser gezwungen, dem Göttervater zu gehorchen, selbst wenn ihm dies widerstrebte.

So kam es, daß der Gott des Tages wohl oder übel auf seine tägliche Fahrt über den Himmel verzichten mußte, was er freilich nur ungern tat.

"Bei allen Göttern", brummte er, "als der große Kronos die Welt regierte, war es doch wahrhaftig besser um sie bestellt. Damals wußte man zumindest noch, wann Tag und wann Nacht war. Außerdem hat er auch seine Frau nicht so einfach sitzenlassen, um auf die Jagd nach Abenteuern zu gehen."

Doch Zeus hatte Hermes noch mehr Aufträge gegeben. Ohne Atem zu holen, flog der Gott mit den Flügelschuhen zur Mondgöttin Selene weiter und befahl ihr, in dieser Nacht länger als gewöhnlich am Himmel zu verweilen. Genau wie ihrem Bruder Helios blieb auch Selene nichts anderes übrig, als zu gehorchen.

Zu guter Letzt suchte Hermes Hypnos auf, den Gott des Schlafes. Ihm richtete er aus, daß er die Menschen in einen totenähnlichen Schlaf versetzen sollte. Auch dieser Befehl des Göttervaters wurde ausgeführt. So bemerkte niemand auf der ganzen Welt, daß diese Nacht dreimal so lange dauerte wie gewöhnlich.

Irgendwann brach dann aber doch der neue Tag an, und Zeus verschwand von der Bildfläche. Kurze Zeit später traf der richtige Amphitryon im Palast ein.

Von redlicher Freude erfüllt, weil er siegreich heimkehrte, eilte er sogleich in das Gemach seiner Frau, um sie in seine Arme zu schließen. Alkmene begrüßte ihn allerdings nicht so begeistert, wie er es erwartet hatte.

"Du scheinst dich nicht sonderlich zu freuen, daß du mich

wiedersiehst", stellte Amphitryon fest.

"Was erwartest du, wir waren doch die ganze Nacht zusammen", entgegnete seine Frau.

Amphitryon befremdeten diese Worte, doch im ersten Überschwang der Gefühle gab er nichts darauf, sondern begann vielmehr, Alkmene den Kampf und seine eigenen Heldentaten zu schildern.

"Du hast allen Grund, stolz zu sein, mein Lieber", unterbrach ihn Alkmene, "aber ich verstehe nicht, weshalb du mir das alles jetzt zum zweiten Mal erzählst."

Amphitryon verschlug es die Sprache, doch er ließ sich seine Verwunderung nicht anmerken. Erst zu einem späteren Zeitpunkt befragte er das Orakel von Delphi, um eine Erklärung für das Verhalten seiner Frau zu finden.

Und dort erfuhr er dann die ganze Wahrheit. Es wurde ihm prophezeit, daß seine Frau zwei Knaben das Leben schenken würde, von denen einer der Sohn des Zeus wäre. Dieses Kind würde einst der größte Heros Griechenlands sein.

Neun Monate waren vergangen, und die Götter saßen eines Abends beim Mahl zusammen, als sich Zeus unvermittelt von der Tafel erhob.

"Hört, ihr Götter und Göttinnen", verkündete er, "meine Freude an diesem Tag ist so groß, daß ich das Geheimnis nicht länger für mich behalten kann. Das erste Kind aus dem Geschlecht des Perseus, das heute nach Mitternacht geboren wird, ist mein Sohn. Er wird zum größten Helden aller Zeiten heranwachsen, und alle Völker Griechenlands werden sich seinem Willen beugen. Herakles soll sein Name sein."

Als Hera diese Worte vernahm, wurde sie von rasender Eifersucht erfaßt. Wieder einmal würde ihr Mann ein Kind mit einer anderen Frau haben. Das war etwas, was sie auf keinen Fall so einfach hinnehmen durfte. Sie flüsterte der listigen Göttin Ate, die neben ihr saß, etwas zu und wandte sich dann mit folgenden Worten an Zeus:

"Du redest viel, wenn der Tag lang ist, doch in den meisten Fällen hast du am nächsten Morgen schon alles vergessen. Dieses Mal sollst du uns aber schwören, daß wirklich das erste Kind vom Geschlecht des Perseus, das heute nacht auf die Welt kommt, alle Völker Griechenlands beherrschen wird."

Ohne den geringsten Verdacht zu hegen und ohne auch nur einen Augenblick nachzudenken, legte Zeus einen unwiderruflichen Eid ab:

"Ja, ich schwöre beim Wasser des Styx, des Flusses der Unterwelt, bei dem wir unsere heiligsten Eide ablegen, daß alles geschehen wird, wie ich gesagt habe."

Hera lächelte still in sich hinein. Sie wußte, daß auch

Nikippe, die Frau des Sthenelos, ein Kind erwartete, und Sthenelos war ebenso ein Sohn des Perseus wie Alkmenes Vater. Nun war Nikippe zwar erst im siebenten Monat, doch das hinderte Hera nicht daran, ihren Plan in die Tat umzusetzen. Sie befahl Eileithyia, der Göttin der Geburten, unverzüglich nach Theben zu eilen, um Alkmenes Wehen zu verzögern. Dann sollte sie, ohne Zeit zu verlieren, Nikippe aufsuchen, die in Mykene lebte, und bei ihr eine Frühgeburt herbeiführen.

Heras Anordnungen wurden auf das genaueste befolgt, und so kam es, daß trotz aller Ankündigungen des Göttervaters zuerst der Sohn des Sthenelos geboren wurde, ein schwächliches Siebenmonatskind, während Herakles eine Stunde später das Licht der Welt erblickte.

Noch in der gleichen Nacht schenkte Alkmene einem zweiten Kind das Leben. Herakles' Zwillingsbruder Iphikles war Amphitryons Sohn.

Gleich darauf erschien Hera wieder bei Zeus.

“Ich fürchte, ich muß dich enttäuschen”, sagte sie spöttisch, “aber du wirst es ohnehin bald erfahren. Das erste Kind, das heute nacht vom Geschlecht des Perseus geboren wurde, war nicht dein Sohn Herakles, sondern Eurystheus, der Sohn des Königs von Mykene. Und wie du geschworen hast, so soll es sein: Eurystheus wird befehlen und Herakles gehorchen."

Zeus verschlug es die Sprache. All seine schönen Pläne sah er mit einem Mal in unerreichbare Ferne rücken. Es war nicht zu glauben und doch nicht mehr rückgängig zu machen: "Eurystheus wird befehlen und Herakles gehorchen." Er selbst hatte es beim heiligen Wasser des Styx geschworen.

Hera war es somit gelungen, den mächtigen Herrscher über die Götter und Menschen hinters Licht zu führen. Das bedeutete, daß ein Traum von Generationen nicht in Erfüllung gehen konnte, denn Eurystheus war auf keinen Fall in der Lage, Griechenland mit starker Hand zu vereinen.

Ohnmächtiger Zorn ergriff den Göttervater. Er konnte es nicht fassen, wie man ihn derart hatte täuschen können. Doch dann fiel sein Blick auf Ate, die Göttin der Verblendung, und es wurde ihm alles klar. Sie war es gewesen, die ihm die Sinne getrübt hatte, und dafür mußte sie jetzt bezahlen. Zeus packte die Göttin an ihrem geflochtenen Haar und schleuderte sie mit fürchterlicher Kraft vom Olymp hinunter. Von jenem Zeitpunkt an lebt die hinterlistige Ate auf der Erde, mitten unter den Menschen, und jede heimtückische Tat wird ihrem schändlichen Einfluß zugeschrieben. Selbst das griechische Wort für Betrug "apati" bedeutet eigentlich "das, was von Ate kommt".

Nachdem Zeus die Göttin der Verblendung bestraft hatte, wandte er sich an die anderen Götter:

"Leider habe ich einen heiligen Eid geleistet, den ich nicht wieder zurücknehmen kann. Herakles wird also nicht der große Herrscher sein, den Griechenland so dringend benötigt. Im Gegenteil, er wird viel Leid erfahren, so viel, daß es mir fast das Herz zerreißt, wenn ich daran denke. Doch in seinem Leben wird es auch zwölf bedeutende Arbeiten und viele Heldentaten geben, durch die er so großen Ruhm erlangen wird wie noch nie ein Gott oder Mensch vor ihm. Und wenn seine Zeit auf Erden abgelaufen ist, soll er bei uns aufgenommen werden. Als einer der Unsterblichen wird er dann selbst von Hera akzeptiert werden."

Als Hera diese Worte hörte, dachte sie bei sich: "Wie töricht von Zeus zu glauben, daß ich mich jemals mit dem Sohn der Alkmene versöhnen könnte. Nein, das wird nie geschehen! Schon allein aus dem Grund nicht, weil Herakles nicht am Leben bleibt. Er muß sterben, am besten jetzt als Säugling, wo es am einfachsten ist."

Es kam aber ganz anders, als sie es sich vorstellte.

Eines Abends erweckte Zeus in Alkmene Befürchtungen, daß Hera dem kleinen Herakles etwas antun würde. Um ihr Kind zu retten, brachte es die besorgte Mutter aus dem Palast und setzte es an einem menschenleeren Ort unweit der

... Bereitwillig gab Hera dem Kind die Brust ...

Stadtmauern Thebens aus, wobei sie die Göttin Athene um Schutz für den Säugling anflehte.

Diese wiederum hatte vom Göttervater den Auftrag bekommen, Hera scheinbar zufällig an die Stelle zu führen, wo Herakles lag.

“Sieh nur, ein Säugling ganz allein in dieser Einöde”, rief Hera überrascht, als sie das Bündel sah. “Wie hübsch er ist! Noch nie habe ich so ein schönes, kräftiges Kind gesehen!”

Athene sah Hera von der Seite an und bemerkte:

“Und wer weiß, wie lange er schon hier liegt. Wieviel Grausamkeit es doch in der Welt gibt! Herrin, du hast Milch, gib ihm etwas davon. Er muß sehr hungrig sein.”

Bereitwillig gab Hera dem Kind die Brust. Herakles begann so heftig zu saugen, daß die Göttin vor Schmerz zurückzuckte und ihn abrupt von sich stieß. Ein Strahl ihrer Milch schoß über den nächtlichen Himmel, und es heißt, daß auf diese Weise die Milchstraße entstand. Zeus hatte allerdings schon erreicht, was er bezweckte. Sein Sohn war durch Heras Milch unsterblich geworden. Die Göttin, die Herakles’ Tod herbeisehnte, hatte ihm ungewollt den größten Dienst erwiesen.

Verärgert drängte Hera Athene zum Weitergehen, als sie plötzlich hinter sich Schritte hörten.

“Komm, wir wollen uns verstecken, um zu sehen, wer es

ist", schlug Athene vor.

Wenige Augenblicke später konnten sie deutlich eine Frau erkennen. Es war Alkmene, die ihr Kind holen wollte.

Hera biß sich auf die Lippen. Mit einem Schlag wurde ihr klar, was das alles zu bedeuten hatte und weshalb es so gekommen war. Sie hatte Zeus getäuscht, und nun war ihr Gleiches mit Gleichem vergolten worden. Ohne ein Wort zu sagen, starrte sie wie gebannt auf Alkmene, die im Mondschein schöner als eine Göttin erschien, und ihre Eifersucht wuchs ins Unermeßliche. Sie mußte Herakles töten, koste es, was es wolle. Wenn sie in der Lage war, jemandem Unsterblichkeit zu schenken, dann würde es ihr auch möglich sein, diese Gabe wieder zurückzunehmen.

Zeus vertraute seinen Sohn Athenes Schutz an, und die Göttin der Weisheit tat alles, was in ihren Kräften stand, um dem Kind zu helfen.

Sie schickte ihre Eule, den klugen Vogel der Nacht, als nimmermüden Wächter an Herakles' Wiege und erreichte damit, daß das Kind nicht nur von Tag zu Tag, sondern von Stunde zu Stunde verständiger wurde. Die Eule beschützte es vor jeder Gefahr und fächelte ihm mit seinen Flügeln Kühlung zu, wenn es heiß war.

Zum Schlafen legte Alkmene die Zwillinge in einen großen Schild, der sich vorzüglich als Wiege eignete. Er hatte einst dem König der Teleboer gehört und war von Amphitryon als Kriegsbeute mit nach Hause gebracht worden.

Herakles spielte oft mit seinem Bruder in dieser schaukelnden Bettstatt. Er war dabei so lebhaft, daß er Iphikles einmal versehentlich über den Rand stieß. Alkmene, die auf das Weinen des Kindes herbeigeeilt war, atmete auf, als sie sah, daß dem Kleinen nichts geschehen war. In Zukunft stellte sie den Schild auf den Boden, um weiteren Unfällen dieser Art vorzubeugen.

Einige Zeit später unternahm Hera einen Versuch, Herakles zu töten. Dabei wurde zum ersten Mal deutlich, daß das Kind überdurchschnittliche Kräfte besaß.

Es geschah in einer Nacht, als die Eule ihren Posten verlassen mußte, um eine Ratte zu bestrafen, die Athenes beste Stickerei zerstört hatte. Die Abwesenheit des wachsamen Tieres war für Hera eine günstige Gelegenheit, um ihren Plan zu verwirklichen. Nun hatte die kluge Eule Alkmene an diesem Abend zu besonderer Vorsicht geraten, und es wurden zwölf kräftige Mägde gerufen, die an der Wiege Wache halten sollten.

Mit einer Stickerei in den Händen saßen die Frauen im Kinderzimmer. Als jedoch die Stunde nahte, in der man die Lampen löschte, wurden ihre Lider immer schwerer, bis einer nach der anderen der Kopf auf die Brust sank.

... Herakles hielt zwei riesige Schlangen am Hals gepackt,
deren Leiber sich zuckend wanden ...

Nachdem sie sich vergewissert hatte, daß auch die letzte Magd eingeschlafen war, sandte Hera zwei riesige Schlangen aus. Leise glitten die Reptilien durch die halboffene Tür ins Kinderzimmer und steuerten geradewegs auf die Wiege zu, die im Mondlicht deutlich zu erkennen war.

Das kaum hörbare Geräusch der über den Boden gleitenden Schuppen hatte genügt, um Herakles zu wecken. Als er die Schlangen sah, setzte er sich in der Wiege auf und ließ sie ruhig näherkommen. Durch seine Bewegung erwachte Iphikles, der sofort laut zu weinen begann. Nun schreckten auch die Mägde aus dem Schlaf. Beim Anblick der gewaltigen Tiere fürchteten sie sich so sehr, daß sie hilferufend aus dem Zimmer rannten. Alkmene, die bei den ersten Schreien aufgefahren war, weckte Amphitryon, und in wenigen Augenblicken hatten sie die Wachen und alle anderen Bewohner des Palastes alarmiert. Mit dem entblößten Schwert in der Hand stürzte Amphitryon in das Zimmer der Kinder, gefolgt von Alkmene und zahlreichen bewaffneten Männern. Ein unglaublicher Anblick bot sich ihnen. Herakles hielt zwei riesige Schlangen am Hals gepackt, deren Leiber sich zukkend wanden. Amphitryon hob das Schwert, um ihnen den Garaus zu machen, doch dann sah er, daß das nicht mehr nötig war. Herakles warf seinem erstaunten Stiefvater die toten Reptilien vor die Füße, während der völlig verängstigte

Iphikles noch immer weinte.

Heras Plan war fürs Erste gescheitert, und der Zwischenfall hatte allen gezeigt, daß dieses Kind zu großen Taten berufen war. Amphitryon, der bis dahin nicht gewußt hatte, welches der beiden Kinder sein eigenes war, behandelte den Sohn des Zeus nun mit großer Ehrfurcht.

Die Jugend des Heros

Von jenem Tag an widmete Amphitryon Herakles mehr Aufmerksamkeit als seinem eigenen Sohn. Er ließ die besten Lehrmeister für ihn herbeiholen. Sie brachten dem Knaben das Lesen und Schreiben bei und unterwiesen ihn in Fächern wie Literatur, Philosophie und Astronomie. Berühmte Künstler führten ihn in die Welt der Musik und des Gesangs ein. Die meiste Zeit wurde allerdings auf die körperliche Ertüchtigung des Kindes verwandt, das sich alsbald in allen sportlichen Disziplinen bewährte.

Auch zur Kriegskunst bekam Herakles frühzeitig Zugang. Amphitryon selbst lehrte ihm die Kunst des Wagenlenkens. Schon in jungen Jahren gebrauchte der Heros Pfeil und Bogen so geschickt, daß er kein Ziel verfehlte. Im Speerwurf konnte es niemand mit ihm aufnehmen, und das Schwert führte er mit großer Gewandtheit. Herakles war im Ringen, im Faustkampf und im Wettlauf unbesiegbar, selbst die schwerste Keule handhabte er mit Leichtigkeit. Neben diesen praktischen Dingen lernte er auch die Grundlagen der Kriegsstrategie.

Der Heros nutzte seine außergewöhnliche Stärke niemals aus, um anderen Böses zu tun, wenn man ihn aber schlecht behandelte oder beleidigte, konnte er in schrecklichen Zorn geraten und dabei großes Unheil anrichten. Das bekam sein Musiklehrer Linos eines Tages zu spüren.

Herakles liebte die Musik nicht weniger als alle anderen Fächer, in denen er unterrichtet wurde. Als er jedoch das Leierspiel erlernen sollte, stieß er auf ernste Schwierigkeiten, denn seine Finger waren so dick und kräftig, daß er unentwegt Saiten zerriß. Der Musiklehrer konnte seinen Ärger nicht verhehlen und verfluchte Götter und Dämonen gleichermaßen. Herakles gab sich in Zukunft die größte Mühe, ohne daß sich viel geändert hätte, bis er einmal bei einer besonders schwierigen Übung alle Saiten zugleich zerriß. Da war es mit Linos' Geduld zu Ende, und er begann, heftig auf seinen Schüler einzuschlagen. Herakles hatte nun von diesem Unterricht genug, er packte das Instrument und ließ es auf dem Kopf des Lehrers zerschellen. Dabei unterschätzte er allerdings seine Kraft, und der Schlag fiel so heftig aus, daß er Linos tötete.

Der junge Herakles wurde vor Gericht geschleift.

"Du hast deinen Lehrer umgebracht", warfen ihm die Richter vor, "und dich damit eines schrecklichen Verbrechens schuldig gemacht."

"Ich wollte ihn nicht töten", antwortete Herakles. "Glaubt mir, was geschehen ist, tut mir leid."

"Für ein solches Vergehen gibt es keine Rechtfertigung", entgegnete man ihm.

Herakles war aber durchaus in der Lage, sich zu verteidigen. Nicht umsonst hatte er sich großes Wissen angeeignet.

"Wie ich euch schon sagte, war es nicht meine Absicht, ihn zu töten", beharrte er. "Es gibt ein Entlastungsmoment in diesem Fall. Ihr seid Richter und werdet wohl das Gesetz kennen, das die Gegenwehr bei einem Angriff rechtfertigt. Es stammt von Rhadamanthys, dem Sohn von Zeus und Europa, der einst der größte Gesetzgeber Griechenlands war."

Den Richtern verschlug es die Sprache. Sie berieten sich untereinander und gaben dann ihren Urteilsspruch bekannt: Herakles war nicht schuldig.

Nach diesem Vorfall lebte Amphitryon in ständiger Angst, daß der Knabe mit seinem hitzigen Temperament weitere Gewalttaten begehen könnte. Aus diesem Grund schickte er ihn zu seinen Herden, die an den Hängen des Kithairon weideten.

Zwei Jahre verbrachte Herakles in den Bergen. Das harte Hirtendasein stählte seinen Körper und ließ ihn zum Mann heranreifen. Nun wollte es der Zufall, daß in der gleichen Gegend auch die Herden des Nachbarreiches weideten, das von König Thespios regiert wurde. Der König hielt sich oft bei den Hirten auf, um nach dem Rechten zu sehen, und lernte dort Herakles kennen. Schon nach kurzer Zeit wurden die beiden Freunde.

Eines Tages kam Thespios ganz verstört bei den Hirten an. Außer Atem erzählte er Herakles, daß ein schrecklicher Löwe seine Herden überfallen und viele Tiere gerissen habe. Binnen kurzer Zeit hatte sich ein Kreis von Dorfbewohnern und Hirten um die beiden Männer gebildet. In allen Gesichtern stand Furcht geschrieben, nur der junge Herakles zeigte sich ungerührt. Insgeheim hatte er seinen Entschluß schon gefaßt.

Ohne etwas von seinem Vorhaben verlauten zu lassen, verschwand er im Wald, wo er einen wilden Olivenbaum entwurzelte und sich daraus eine schwere Keule anfertigte. Es dauerte nicht lange, bis er die Fährte des Raubtieres entdeckt hatte. Er folgte ihr bis zu einer Quelle, die es offensichtlich regelmäßig aufsuchte. Dort verbarg er sich hinter einem Felsen und lauerte dem Löwen auf. Als dieser endlich erschien, stürzte Herakles aus seinem Versteck und versetzte ihm einen Schlag von solcher Wucht, daß es keines zweiten bedurfte. Das mächtige Tier sank leblos vor seinen Füßen zu Boden.

Diese Tat hatte zur Folge, daß Herakles' Name bald in aller Munde war. Man sprach mit Bewunderung von dem starken jungen Mann, von seiner Entschlossenheit und seinem Mut. König Thespios war tief beeindruckt. Er lud Herakles ein, bei ihm im Palast zu wohnen, und befahl seinen Töchtern - es sollen fünfzig an der Zahl gewesen sein - es dem Gast an nichts fehlen zu lassen. So blieb Herakles fünfzig Tage bei seinem Freund.

Herakles am Scheideweg

Für Theben waren inzwischen schwere Tage gekommen. Erginos, der König von Orchomenos, hatte die Stadt überfallen und das thebanische Heer vollständig aufgerieben. Nach ihrer Niederlage waren König Kreon und seine Untertanen zu einem hohen jährlichen Tribut gezwungen worden. Aufgrund dieser Ereignisse ließ Amphitryon Herakles aus den Bergen zurückkommen, denn er glaubte, daß der Jüngling der einzige war, der etwas für die Stadt tun konnte.

Herakles vertraute seine Herden den anderen Hirten an und machte sich ohne Verzögerung auf den Weg nach

Theben. Wie er nun mit kräftigen Schritten seiner Heimatstadt entgegeneilte, tauchten plötzlich zwei Frauen vor ihm auf. Beide waren von großer Schönheit, und doch sehr verschieden voneinander.

Die eine wirkte gefälliger, zumindest schien das auf den ersten Blick. Sie hatte viel Sorgfalt auf ihr Äußeres verwandt, ihr Gesicht war geschminkt und das Haar kunstvoll frisiert. Kostbare Gewänder knisterten bei jeder ihrer geschmeidigen Bewegungen, sie trug auffälligen Schmuck und verströmte einen betörenden Duft. Mit einem verführerischen Lächeln und verheißungsvollen Blicken zog sie sogleich alle Aufmerksamkeit auf sich.

“Ich bin das Glück”, pflegte sie von sich zu sagen, doch wurde sie auch die Lasterhaftigkeit genannt.

Die andere Frau war einfacher gekleidet. Von ihr ging eine natürliche Schönheit aus, der man sich nicht entziehen konnte. Es war ihr nicht gleichgültig, wie sie aussah, ganz im Gegenteil. Ihr gepflegtes Äußeres verriet, daß sie sich selbst und andere achtete. Aus ihrem Blick und ihren Bewegungen strahlte eine Anmut, die aus dem Inneren kam und nicht aufgesetzt wirkte, ihre edlen Gesichtszüge spiegelten seelische Größe wider. Es war die Tugend - in ihrer schlichten Schönheit eine wahre Göttin.

Herakles war vom Anblick der beiden Frauen überwältigt

... “Du brauchst mich nur anzusehen, dann weißt du, was dir das Leben bieten kann.” ...

und wußte nicht, was er tun sollte.

“Wie verschieden sie doch sind”, dachte er bei sich. “Was mögen sie wohl von mir wollen?” Er brauchte nicht lange auf eine Antwort zu warten.

“Die Götter haben uns zu dir gesandt”, sagte die Tugend. “Wir sollen dir helfen, deinen Weg im Leben zu wählen.”

“Was dir vermutlich nicht schwerfallen wird”, fügte die andere Frau hinzu, indem sie Herakles bei der Hand nahm und ihm ihr bezauberndstes Lächeln schenkte. “Du brauchst mich nur anzusehen, dann weißt du, was dir das Leben bieten kann. Wenn du willst, steht dir der bequeme Weg der Lust und des Vergnügens offen, denn du bist hübsch und stark, und an Gesellschaft wird es dir nie mangeln. Komm mit mir, ich will dir zeigen, wie du jeden Tag und jede Stunde genießen kannst. Das Leben ist kurz, doch vermag es den reich zu beschenken, der nicht seine Zeit mit den Mühen des Alltags und sinnlosen Heldentaten vergeudet, die doch nur den anderen nützen und nicht ihm selbst. Feiere in fröhlicher Runde, sooft sich dir Gelegenheit dazu bietet. Iß die feinsten Speisen, trink vom besten Wein und leg dich dann sorglos zur Ruhe. Laß andere die Sorgen der Welt auf ihre Schultern nehmen, wenn sie sich dazu berufen fühlen. Du bist für die Freuden des Lebens geboren, man braucht dich nur anzusehen, um das zu wissen.”

"Sie hat recht, das Leben kann wunderschön sein, ich muß nur tun, was sie mir rät", dachte Herakles. Er war nahe daran, ihr zu folgen, ohne die zweite Frau überhaupt anzuhören.

In diesem Augenblick war hinter ihm plötzlich eine strenge Stimme zu hören, die ihn innehalten ließ:

"Herakles, Sohn des Zeus, wohin gehst du!" Er fühlte den prüfenden Blick der anderen Frau auf sich ruhen, und als er sich umdrehte und ihr ernstes Gesicht sah, bereute er seine Unbesonnenheit.

"Starke, tapfere Männer", fuhr die Tugend fort, "haben Besseres zu tun, als ihre Zeit mit Müßiggang zu verbringen. Ich kann dir keinen bequemen Weg versprechen, dafür aber einen ehrenhaften. Das Gute und Schöne ist niemals einfach, man benötigt dafür Kraft, einen eisernen Willen und großen Mut, Eigenschaften, die du besitzt, Herakles."

"Hör nicht auf sie", unterbrach sie die erste Frau. "sie will dir jede Freude am Leben rauben."

"Dann mag er also mit dir gehen", gab die Tugend zurück, "und sich all den Zerstreuungen hingeben, die du ihm versprichst. Vergnüge dich nur, mein Junge, amüsiere dich bis zu deinem Ende, wenn du kannst. Denn irgendwann werden die Freunde deiner überdrüssig, und dann stehst du vor verschlossenen Türen. Der Moment wird kommen, wo du dir eingestehen mußt, daß dein Leben nutzlos war, weil du es vergeudet hast, weil nichts aus dir geworden ist und du nichts für andere getan hast, obwohl du die Möglichkeit dazu hattest. Du bist so stark und unerschrocken wie niemand sonst auf Erden. Männern wie dir ist ein ruhmreiches, wenn auch mühevolles, Leben bestimmt, das Leben eines Heros, der Freude darin findet, den Menschen zu helfen und das Unrecht zu besiegen. Nur die Überwindung von Schwierigkeiten bringt wirkliche Freude, während flache Vergnügungen einen bitteren Nachgeschmack hinterlassen. Geh deinen Weg, Herakles! Kämpfe gegen das Böse, hilf den Schwachen, befreie die Welt von Ungeheuern und setz dich für die Menschen ein, ohne Opfer und Mühe zu scheuen, ja wenn nötig, sogar um den Preis deiner eigenen Demütigung. Das war es, was ich dir zu sagen hatte, nun bleibt es dir überlassen, ob du auf mich hören willst oder nicht."

"Göttin, ich danke dir für deine Hilfe", entgegnete Herakles entschlossen. "Ich werde den Weg einschlagen, den du mir soeben gezeigt hast."

Kaum hatte er diese Worte gesprochen, als beide Frauen vor seinen Augen verschwanden.

Herakles kannte nun seine Bestimmung, und er schritt frohen Mutes voran, um Theben so schnell wie möglich zu erreichen.

Der Krieg gegen Orchomenos

An einer Weggabelung blieb er stehen. Er konnte in der Ferne eine Gruppe bewaffneter Männer ausmachen, die allem Anschein nach keine Thebaner waren. Herakles ließ sie auf Rufweite herankommen und fragte dann in barschem Ton:

"Wer seid ihr und wo wollt ihr hin?"

"Thebanern gegenüber pflegen wir keine Rechenschaft abzulegen", antwortete ihr Anführer.

"Ihr befindet euch aber auf thebanischem Boden", rief Herakles zornig und spannte seinen Bogen, "und wenn ihr an mir vorbei wollt, müßt ihr mich zuerst töten!"

"Vorwärts, zeigt es ihm!" schrie der fremde Befehlshaber wutentbrannt und schleuderte seinen Speer auf Herakles.

Dieser aber hatte blitzschnell hinter einem Baum Deckung gesucht, in dessen Stamm die Waffe federnd steckenblieb. Jetzt schoß Herakles seinen Pfeil ab, woraufhin einer der Bewaffneten zu Boden ging. Es kam zu einem kurzen, erbitterten Kampf, in dessen Verlauf sämtliche Männer verwundet wurden. Sie fielen vor dem jungen Heros auf die Knie und flehten ihn um Gnade an.

"Sagt mir zuerst, wer ihr seid und warum ihr in unser Land gekommen seid", versetzte Herakles.

“Wir kommen aus Orchomenos”, antwortete einer von ihnen. “Erginos, unser König, hat uns nach Theben geschickt. Wir sollen den Tribut einkassieren, der uns von König Kreon versprochen wurde.”

Herakles fesselte ihnen die Hände im Nacken und band sie außerdem noch mit einem Seil aneinander.

“Geht jetzt zu eurem König zurück”, sagte er dann zu ihnen, “und zeigt ihm eure Wunden und die Fesseln. Ihr könnt ihm ausrichten, daß die Thebaner den Tribut von nun an auf diese Weise, wenn nicht noch ärger, zahlen werden!”

Gefesselt und gedemütigt machte sich der Trupp auf den Heimweg, während Herakles guten Mutes weiterzog.

In Theben war die Lage äußerst gespannt. Auf den Gesichtern von Amphitryon und Iphikles spiegelten sich Sorge und hilfloser Zorn wider.

“Weißt du, was in deiner Abwesenheit geschehen ist, Herakles?” fragte Amphitryon. “Die Stadt des Kadmos ist von Orchomenos besiegt und beschämt worden. Das siebentorige Theben mußte vor einem Feind auf die Knie fallen, der ihm in keiner Weise ebenbürtig ist. Unser Volk wurde zu hohen Abgaben verpflichtet und muß deshalb Not leiden. Gerade in diesen Tagen erwarten wir die Männer von König Erginos. Sie werden kommen, um den Tribut von uns zu fordern.”

“Laßt uns die Abgaben wieder im Volk verteilen und dann

zum Krieg gegen Erginos rüsten", entgegnete Herakles. Er erzählte den beiden in allen Einzelheiten, was sich unterwegs zugetragen hatte.

"Womit sollen wir kämpfen?" fragte Iphikles. "Erginos hat uns Waffen und Pferde abgenommen und verboten, neue zu beschaffen. Und König Kreon ist im Moment nur darauf bedacht, seinen Thron nicht zu verlieren."

"Auf irgendeine Weise müssen wir uns Waffen beschaffen", erwiderte Herakles, "und zwar so schnell es geht. Als ich in die Stadt kam, sah ich in einem Tempel vielerlei Kriegsgerät, das offensichtlich den Göttern geweiht ist."

"Ja, das ist wahr", versetzte Amphitryon. "Solche Waffen gibt es in allen Tempeln. Es handelt sich um die Rüstungen der Thebaner, die in früheren Kämpfen gefallen sind, oder um Kriegsbeute. Ich weiß aber nicht, ob es richtig wäre, wenn wir sie benutzen. Die Götter könnten sich gegen uns wenden."

"Die Götter werden sagen, daß wir es nicht anders verdient haben, wenn wir tatenlos zusehen, wie man uns demütigt", entgegnete Herakles.

"Herakles hat recht, Vater", pflichtete ihm Iphikles bei. "Die Götter helfen einem nicht, wenn man sich nicht auch selbst wappnet."

"Wahrscheinlich habt ihr beide recht", stimmte jetzt auch

Amphitryon zu. “Auf dann, laßt uns die Thebaner zum Kampf rufen!”

“Auf dann!” riefen beide Brüder wie aus einem Munde.

Binnen weniger Tage war ganz Theben auf den Beinen. Herakles und Iphikles machten eine Runde durch die Tempel der Stadt und nahmen Bogen, Schwerter, Speere, Schilde, Helme, ja sogar ganze Rüstungen mit. Dann scharten sie die jungen Männer um sich und verteilten die Waffen unter ihnen. Vereinzelt wurden Stimmen laut, daß dieses Vorgehen eine Schändung der Heiligtümer sei. Herakles ließ sich aber in seinem Entschluß nicht beirren, denn die Göttin Athe-

ne war ihm erschienen, um ihn darin zu bestärken, daß er sich auf dem richtigen Weg befand.

Ohne Zeit zu verlieren, begann er mit der Ausbildung der Männer und machte sie mit dem Gebrauch der Waffen vertraut. Obwohl Kreon noch immer um seinen Thron bangte, fürchtete er den starken, kühnen Jüngling nicht im mindesten, denn er wußte, daß der Königstitel das Letzte war, worauf dieser spekulierte. Deshalb zögerte er auch nicht, ihn zum Anführer des neuen thebanischen Heeres zu machen.

Als Erginos mit seinen Truppen die Stadtmauern erreichte, mußte er voller Erstaunen feststellen, daß der Gegner auf den Angriff vorbereitet war. Bei genauerem Hinsehen bemerkte er jedoch das Sammelsurium alter Waffen, mit denen die Thebaner ausgerüstet waren, und brach in lautes Gelächter aus. Siegesgewiß stürmte er vorwärts.

Es kam dann freilich anders, als er es sich vorgestellt hatte, denn schon kurze Zeit später war seine Niederlage absehbar. Erginos selbst verlor von Herakles' Hand das Leben, und sein Heer wurde von den Thebanern bis nach Orchomenos zurückgeschlagen.

Mit dieser Schlacht war der Krieg aber noch nicht zu Ende. Der Feind besaß große Reserven in der Stadt, vor allem Kampfwagen, während die Thebaner alle Pferde an Erginos verloren hatten.

Herakles fand auch in dieser schwierigen Situation eine Lösung. Theben war von Orchomenos durch eine weite Ebene getrennt, die vom Kephissos bewässert wurde. Dieser Fluß mündete nicht direkt ins Meer, sondern verschwand in natürlichen Kalksteinkanälen, die ihn unter einer Hügellandschaft hindurch auf Umwegen zur Küste leiteten. Mit gewaltigen Erdmassen blockierte Herakles den unterirdischen Lauf des Flusses, wodurch sich in der kopaischen Ebene ein großer See bildete und das ganze Gebiet unpassierbar wurde. Der Feind war somit gezwungen, die nächste Schlacht in den Bergen auszufechten, wo er seine Kampfwagen nicht einsetzen konnte. Auf diese Weise kam es erneut zu einem Sieg für die Thebaner. Nun fordert jeder Kampf auch Opfer, und dieses Mal traf es Amphitryon. Er starb den Tod eines Helden, und ganz Theben trauerte um ihn. Die Stadt hatte mit diesem Krieg ihre Unabhängigkeit zurückgewonnen, sie war nicht nur von dem hohen Tribut befreit worden, sondern hatte Orchomenos obendrein gezwungen, ihr das Doppelte von dem, was sie bisher gezahlt hatte, zurückzuerstatten.

Kreon war von tiefer Dankbarkeit erfüllt. Er gab Herakles seine Tochter Megara zur Frau und das halbe Königreich dazu. Seine jüngere Tochter vermählte er mit Iphikles.

Mit Ausnahme von Hera kamen alle Götter des Olymp zur Hochzeit von Herakles und Megara, und sie brachten dem jungen Paar wertvolle Geschenke mit, die Herakles' Heldenmut Tribut zollten. Von Zeus bekam er einen unzerbrechlichen Schild, der fester war, als alle bisher auf der Welt geschmiedeten Schilde, von Athene einen goldenen Brustpanzer und von Hephaistos einen mit Diamanten geschmückten Helm. Apollon schenkte ihm einen goldenen Bogen und einen Köcher voller Pfeile, Hermes ein scharfes Schwert und Poseidon zwei Pferde, die schneller waren als der Wind.

Der Wahnsinn des Herakles

Herakles und Megara bekamen drei Kinder, und sie waren sehr glücklich miteinander. Hera aber schäumte vor Wut. Die Siege des Heros, sein Ruhm und sein familiäres Glück waren ihr ein Dorn im Auge, und sie sann darüber nach, wie sie ihm Böses tun konnte.

So geschah es eines Tages, als Herakles seinen Kindern zufrieden beim Spiel zuschaute, daß Ate, die Göttin der Verblendung, hinter seinen Rücken trat und ihm einen unsichtbaren magischen Schleier über die Augen warf. Seine Sinne trübten sich, und anstelle der Kinder sah der Heros drei schreckliche Drachen vor sich, die ihn anfielen. Blindlings packte er Stühle, Tische, alles, was in Reichweite war, und ließ diese Gegenstände auf den Köpfen der vermeintlichen Drachen zersplittern, wobei er seine eigenen Kinder tötete. Dann schlug er in einem fürchterlichen Tobsuchtsanfall die gesamte Inneneinrichtung des Palastes in Stücke, während die Bewohner des Königshauses zu den Türen hinausliefen und aus den Fenstern sprangen, um der Raserei des stärksten Mannes der Welt zu entrinnen.

Erst als der einst so prächtige Palast des Kreon ganz und gar verwüstet war, erschien Ate, um den unsichtbaren Schleier von Herakles' Augen zu nehmen. Die Vision verschwand, und in dem heillosen Durcheinander entdeckte der unglückliche Vater nun die leblosen Körper seiner Söhne. Er glaubte, seinen Augen nicht zu trauen, und es dauerte lange, bis ihm die Wahrheit in ihrer vollen Tragweite zu Bewußtsein kam - daß nämlich er es gewesen war, der seine geliebten Kinder getötet hatte.

Nach diesem Vorfall erließ König Kreon den Befehl, daß Herakles Theben sofort zu verlassen habe, und Megara gab ihrem Mann zu verstehen, daß sie ihn nie wieder sehen wollte. All diese Vorkehrungen waren freilich unnötig, denn der Heros hatte ohnehin schon der Stadt den Rücken gekehrt.

Sein Weg führte ihn nach Thespiai. Dort berichtete er König Thespios mit zitternder Stimme von dem schrecklichen Verbrechen, das er begangen hatte. Am Schluß seiner Beichte weinte der starke Mann wie ein kleines Kind, das um Hilfe fleht.

Thespios hatte Mitleid mit seinem Freund, er nahm ihn im Palast auf und tat alles, was in seiner Macht stand, um ihn die Tat vergessen zu lassen. Es war jedoch vergebliche Mühe, der Schmerz um seine Kinder ließ Herakles keinen Moment zur Ruhe kommen.

Dann kamen eines Tages Boten in den Palast. Sie verkündeten, daß König Sthenelos gestorben sei und daß sein Sohn

Eurystheus den Thron von Mykene bestiegen habe. Außerdem teilten sie Thespios mit, daß sie für Herakles einen Befehl von ihrem neuen König bei sich hätten. Der Heros saß in der Nähe und hing wie immer seinen traurigen Gedanken nach. Als er seinen Namen hörte, wurde er aufmerksam. Er trat zu den Boten und nahm das Schreiben an sich.

"Ich, der große König von Mykene", begann er zu lesen, "der ich von Zeus selbst die Befehlsgewalt über alle Völker Griechenlands erhielt, befehle hiermit Herakles, dem Sohn des Amphitryon, in meinen Dienst zu treten und zwölf bedeutende Arbeiten zu verrichten, die meinem Namen und meinem Königreich großen Ruhm bringen werden. So habe ich es beschlossen, Eurystheus, Sohn des Sthenelos, der ich durch den Heros Perseus ein direkter Nachfahre des Zeus bin."

Herakles' Miene war nachdenklich geworden, als er das Schreiben sinken ließ. Thespios, der Eurystheus' Forderung sofort in ihrer ganzen Vermessenheit erfaßt hatte, riet seinem Freund, nicht zu gehorchen, doch die Götter wollten es anders. Aufgrund des Eides, den er einst abgelegt hatte, waren dem mächtigen Zeus die Hände gebunden, und Hera, die den Sohn der Alkmene bis auf den Tod haßte, hatte die Oberhand gewonnen. Indem sie jetzt einem boshaften, prahlsüchtigen Schwächling wie Eurystheus die Befehlsgewalt über den großen Heros zubilligte, konnte sie Herakles nicht nur demütigen, sondern auch ins Verderben stürzen.

Herakles wiederum war es völlig einerlei, ob er sich in Gefahr begab oder nicht, und was die Demütigung betraf, so suchte er sie geradezu, wollte er sich doch von einem furchtbaren Verbrechen reinwaschen. Es kamen ihm allerdings Zweifel, ob er im Dienst eines so nichtswürdigen Mannes den Menschen Gutes tun könnte oder ob er gar noch mehr Unheil anrichten würde. Schließlich beschloß er, das Orakel von Delphi um Rat zu fragen.

Die Antwort, die er von der weissagenden Priesterin erhielt, lautete:

“Geh nach Mykene und tritt in Eurystheus’ Dienst. Er wird dir befehlen, zwölf Arbeiten zu verrichten. Erst wenn du die letzte dieser Arbeiten bewältigt hast, werden dir die Götter vergeben, was du deinen Kindern angetan hast.”

Der Heros vernahm den Orakelspruch mit großer Erleichterung. Er wußte jetzt, was er tun mußte.

DIE ZWÖLF ARBEITEN

Im Dienst des Eurystheus

Ohne noch länger Zeit zu verlieren, machte sich Herakles auf den Weg nach Mykene. Er wurde von Iolaos begleitet, dem jungen, tapferen Sohn des Iphikles, der eine Mischung aus Mitgefühl und Bewunderung für den Bruder seines Vaters empfand.

In der Stadt angekommen, trennten sie sich, und Herakles ging allein zum Palast, wo er darum bat, von König Eurystheus empfangen zu werden.

Die Wachen bedeuteten ihm, am Eingang zu warten. Sie hatten den strikten Befehl bekommen, Herakles nicht hereinzulassen.

Eurystheus ging höchstpersönlich zum Tor hinunter, um nachzusehen, wie der Mann beschaffen war, der seinen Namen und sein Königreich berühmt machen sollte.

Kaum hatte er jedoch Herakles erblickt, dessen riesige

Gestalt sich bedrohlich von der Stadtmauer abhob, schrie er erschrocken auf und lief in den Palast zurück, um sich dort zu verstecken.

Der "große König von Mykene" reichte Herakles gerade bis zur Brust, er war dünn, häßlich, gelbhäutig und so feige, daß er sogar seinen eigenen Schatten fürchtete.

"Schnell, schnell, schließt die Tore, damit Herakles nicht herein kann", rief er immer wieder. "Wehe euch, wenn mir etwas geschehen sollte!"

Eurystheus zog sich in sein Gemach zurück und verkroch sich vor Angst unter der Bettdecke. Dort sann er darüber nach, wie er Herakles loswerden konnte. Dabei kam er schließlich zu dem Schluß, daß er sich eine Aufgabe für ihn ausdenken mußte, deren Erfüllung dem Heros das Leben kosten würde, so daß er nie mehr am Tor des Palastes erscheinen konnte, um ihn, den König, zu erschrecken. Viele Stunden dachte Eurystheus angestrengt nach, doch es wollte ihm nichts einfallen. Zu guter Letzt übermannte ihn die Müdigkeit, und er schlief ein. Auf Heras Befehl kam jetzt der Gott der Träume zu ihm und zeigte ihm im Schlaf eine Lösung.

... er schrie erschrocken auf und lief in den Palast zurück,
um sich dort zu verstecken ...

Die erste Arbeit: Der Löwe von Nemea

In jenen Jahren lebte in den Wäldern von Nemea ein furchtbarer Löwe. Er hatte die Kraft von zehn gewöhnlichen Löwen, und sein Fell war gegen Pfeil und Speer, ja selbst gegen das schärfste Schwert gefeit. Das riesige Tier gehörte zu der schrecklichen Brut, die das Ungeheuer Typhon, gegen das Zeus einst gekämpft hatte, mit dem Schlangenweib Echidna gezeugt hatte. Seine Geschwister waren Kerberos, der dreiköpfige Höllenhund, Hydra, eine vielköpfige Wasserschlange, die zu Lerna lebte, Chimaira, eine feuerspeiende Ziege mit dem Haupt eines Löwen und dem Schwanz einer Schlange, die Sphinx mit einem geflügeltem Löwenkörper und einem Schlangenschwanz und andere gräßliche Ungetüme, gegen die nicht einmal die Götter den Kampf wagten.

Diesen Löwen sah nun Eurystheus im Traum. Er fuhr laut schreiend aus dem Schlaf empor, so daß seine Diener herbeigeeilt kamen, um nachzusehen, was dem "großen" König dieses Mal zugestoßen war.

Sobald ihm aber klar wurde, daß es sich nur um einen Traum handelte, war Eurystheus wieder ganz vergnügt. Ein listiges Lächeln erschien auf seinem Gesicht. Jetzt wußte er, wohin er Herakles schicken mußte, damit er nie mehr zurückkehrte.

Mit der greinenden Stimme eines alten Weibes begann er, nach seinem Herold Kopreus zu rufen. Und als dieser nicht gleich kam, zeterte er immer lauter, bis der Mann endlich vor ihm stand. Er trug ihm auf, sofort zu Herakles hinunterzugehen und ihm auszurichten, daß der König befehle, er solle den Löwen von Nemea töten.

Nun muß hier gesagt werden, daß der Name Kopreus vom griechischen Wort für "Mist" abgeleitet ist. Besagter Herold lief also mit vor Stolz geschwellter Brust zu Herakles. Es war schließlich keine Kleinigkeit, einem so starken Mann Befehle zu erteilen!

Zu jenem Zeitpunkt wußte Herakles nicht, um was für einen Löwen es sich handelte. Deshalb beeindruckten ihn die Worte des Herolds nicht sonderlich, war er sich doch sicher, daß er das Tier töten konnte. Er schulterte die Keule, mit der er einst den Löwen an den Hängen des Kithairon erschlagen hatte, hängte sich den Bogen und den Köcher mit den Pfeilen um und machte sich auf den Weg in die Berge von Nemea.

In der Nähe des Dorfes Kleonai stieß er auf die Hütte eines Tagelöhners mit Namen Molorchos. Der arme Mann war gerade dabei, die Vorbereitungen für ein Opfer zu treffen. Herakles grüßte ihn und fragte ihn, für welchen Gott das

Opfertier bestimmt sei.

“Für Zeus, den Retter”, entgegnete Molorchos. “Ich will ihm danken, daß der Löwe von Nemea bisher nicht in die Nähe meiner Hütte gekommen ist.”

“Warte noch mit dem Opfer”, hielt ihn Herakles zurück. “Eurystheus hat mir befohlen, den Löwen von Nemea zu töten. Ich habe schon einmal einen Löwen erschlagen und fürchte mich deshalb nicht. Falls mir aber doch etwas passieren sollte und ich in dreißig Tagen nicht zurück bin, dann schlachte bitte das Opfertier für Zeus und für die Seele von Herakles, dem Sohn der Alkmene. Komme ich dagegen rechtzeitig, so können wir Zeus, dem Retter, gemeinsam opfern.”

“Herakles, Sohn der Alkmene”, rief der arme Tagelöhner, “es ist ein Jammer, daß du dein Leben so leichtfertig wegwerfen willst! Du wirst vermutlich nicht wissen, was das für ein Löwe ist, gegen den man dich ausgesandt hat. Würde es sich um eine gewöhnliche Raubkatze handeln, so gäbe es vielleicht eine Hoffnung. Doch dieses Tier ist ein Ungeheuer! Es stammt von Typhon und Echidna ab und ist unbesiegbar. Selbst wenn du alle Götter an deiner Seite hättest, würdest du nicht lebend zurückkehren. Viele Jahre leben wir in ständiger Angst. Unsere Herden werden immer kleiner, die ganze Gegend verödet, und keiner von denen, die bisher den

Mut hatten, dem Untier aufzulauern, ist jemals zurückgekehrt."

Nun wußte Herakles, weshalb ihm Eurystheus diese Aufgabe gestellt hatte. Es gab für ihn jedoch kein Zurück mehr.

"Ich muß diesen Löwen finden", entgegnete er beherzt. "Entweder gelingt es mir, ihn zu töten, oder ich verliere dabei mein Leben. Lebe wohl, und wenn ich nicht wiederkommen sollte, dann mach alles so, wie ich dir gesagt habe." Mit diesen Worten ließ er den Tagelöhner stehen und bog in den Pfad ein, der in die Berge führte.

Molorchos bewunderte die kühne Entschlossenheit des Heros, er bedauerte es allerdings, daß er ihn nicht zurückhalten konnte.

Unterwegs sah sich Herakles aufmerksam um, bis er endlich gefunden hatte, was er suchte. Er entwurzelte einen wilden Olivenbaum, dessen mächtiger Stamm hart wie Eisen war, und fertigte sich daraus eine neue Keule an, die um ein Vielfaches schwerer, härter und größer wurde als seine alte. Dann lud er sich die mächtige Waffe auf die Schulter und setzte seinen Weg fort. Mit einem Mal kam ihm der Gedanke, daß er vermutlich viele Tage und Nächte auf der Lauer liegen würde und deshalb vorher genügend Kräfte sammeln mußte. Er suchte sich also einen ruhigen Platz, wo er sich niederließ und sofort in einen tiefen Schlaf fiel. Es heißt, daß dieser Schlaf zehn Tage anhielt und daß Herakles durch ihn große Kraft und Ausdauer gewann. Als er erwachte, wusch er sich an einer Quelle und zog dann ausgeruht und guter Dinge weiter. Nachdem er viele Tage durch die von Menschen und Tieren verlassene Gegend geirrt war, stieß er irgendwann auf die Spuren des Löwen. Seine riesigen Tatzen hatten sich tief in den Erdboden eingedrückt und vermittelten Herakles eine Vorstellung davon, wie groß und schwer er sein mußte. Es stellte sich heraus, daß es nicht so einfach war, der Fährte zu folgen. Ältere Abdrücke überkreuzten sich mit frischen Spuren, und der Heros wußte oft nicht, in welche Richtung er gehen sollte. Tagelang streifte er aufs Geratewohl durch die Berge, stieg in Schluchten hinab und verlor sich in dichten Wäldern, bis das riesige Tier unversehens vor ihm stand, als er hinter einem Felsen hervortrat. Mit seiner zottigen Mähne und wild funkelnden Augen war es fürchterlich anzusehen. Herakles suchte hinter einem Busch Dekkung, denn der Löwe hatte ihn noch nicht bemerkt. Er nahm einen Pfeil aus dem Köcher, zielte auf den Kopf des Tieres und traf es genau zwischen die Augen. Das Ungeheuer schüttelte nur ein wenig den Kopf und kratzte sich mit der Tatze, so als ob es eine Fliege abschütteln wollte. Ein zweiter Pfeil, der noch heftiger von der Sehne schnellte, prallte vom Hals des Löwen ab, als wäre er auf Stein gestoßen. Das Raubtier zeigte keinerlei Reaktion, es ging langsam und gleichmütig weiter und verschwand hinter einem Felsen. Der Heros lief ihm nach, doch als er die Stelle erreichte, wo er es zum letzten Mal gesehen hatte, war es plötzlich verschwunden. Verwundert schaute sich Herakles um. Nach einigem Suchen entdeckte er den Eingang zu einer Höhle, die, den Spuren nach zu urteilen, der Unterschlupf des Löwen sein mußte. Herakles beschloß, sich auf die Lauer zu legen, und versteckte sich zu diesem Zweck hinter einem Felsen. Viele Stunden saß er dort vergeblich, bis schließlich die Nacht hereinbrach. "Morgen früh muß er herauskommen", dachte der Heros und blieb auf seinem Posten. Am nächsten Tag wartete er schon vom ersten Morgengrauen an ungeduldig darauf, daß das Tier erschien, damit er es mit seiner Keule erschlagen konnte. Die Sonne stieg jedoch höher und höher, ohne daß etwas geschah. Mit einem Mal war ein fürchterliches Gebrüll zu hören, lauter noch als der Donner des Zeus, das noch lange in den Bergschluchten widerhallte, bis es endlich verebbte. Herakles wandte sich in die Richtung, aus der es gekommen war, und ließ seine Blicke über das Gebirge wandern, bis er den Löwen endlich als einen winzigen Punkt am gegenüberliegenden Berghang ausmachen konnte.

"Wie ist er aus der Höhle gekommen, ohne daß ich ihn gesehen habe?" Herakles konnte es nicht fassen. "Die Nacht war freilich finster, doch ich hätte ihn zumindest hören müssen. Vielleicht bin ich eingeschlafen, ohne daß ich es gemerkt habe. Jetzt bleibt mir nichts anderes übrig, als zu warten, bis er zurückkommt, denn der Weg bis zu jener Stelle dort drüben ist weit und beschwerlich, und wenn ich sie erreicht habe, ist er längst fort."

Drei Tage und drei Nächte bewachte Herakles den Eingang der Höhle, doch der Löwe ließ sich nicht blicken. In seiner Verzweiflung war der Heros nahe daran, sich wieder auf die Suche zu machen, als er hinter sich ein Geräusch hörte. Er drehte sich um und sah, wie der Löwe die Höhle verließ.

"Irgend etwas stimmt hier nicht", dachte Herakles. "Ich warte, daß er zurückkommt, und dabei ist er längst wieder da." Es gab keine andere Erklärung dafür, als daß es noch einen zweiten Eingang gab.

Während der Heros diese Überlegungen anstellte, krümmte sich der Löwe, der ihn nicht bemerkt hatte, und schnellte mit einem gewaltigen Satz nach vorn. Er glich dabei einer Gerte, die wegspringt, wenn sie mit beiden Händen zusammengedrückt und schließlich, gegen ein Hindernis gelehnt, losgelassen wird. Nach wenigen Sprüngen dieser Art hatte ihn Herakles aus den Augen verloren, doch dieses Mal machte ihm das nichts aus. Er ging auf die Suche nach dem zweiten Höhleneingang, und sobald er ihn gefunden hatte, versperrte er die Öffnung mit großen, schweren Felsbrocken. Dann kehrte er beruhigt zum ersten Eingang zurück.

Es dämmerte schon, als ein ohrenbetäubendes Gebrüll die Stille zerriß. Es kam von der Stelle, wo sich der zweite Eingang befand, den der Löwe bei seiner Rückkehr verschlossen gefunden hatte. Er machte nun seinem Ärger Luft und erschien kurze Zeit später am ersten Eingang. Inzwischen war es allerdings Nacht geworden, und Herakles hielt es nicht für ratsam, das Raubtier im Dunkeln anzugreifen. So ließ er es unbehelligt in der Felsöffnung verschwinden und ging zu seinem Versteck zurück, um dort den Morgen abzuwarten.

Sobald es tagte, schlich sich der Heros zum Eingang der Höhle, um zu prüfen, ob er den Löwen in seinem Bau töten konnte. Schon nach wenigen Schritten sah er, daß dies unmöglich sein würde. Die Decke war so niedrig, daß er die Keule nicht hoch genug heben konnte, um mit aller Kraft zuzuschlagen. Dennoch ging er weiter und horchte in die Höhle hinein. Bald war ein gräßliches Gebrüll zu hören. Scharrende Geräusche ließen darauf schließen, daß der Löwe versuchte, den zweiten Eingang freizumachen. Herakles stürzte ins Freie hinaus und lief zu der Stelle, an der der Löwe von innen arbeitete. Als ihm kurze Zeit später ein riesiger Felsbrocken entgegenfiel, war er schon darauf vorbereitet.

Er zündete trockene Zweige an und warf sie in die entstandene Öffnung. Der Wind blies den Rauch in die Höhle, und Herakles lief wieder zum ersten Eingang zurück, um sich dort auf die Lauer zu legen. Es bestand kein Zweifel, daß der Löwe bald herauskommen würde.

Tatsächlich brauchte der Heros nicht lange zu warten, bis das Ungeheuer am Höhleneingang erschien. Eine gewisse Erschöpfung war ihm anzusehen, dennoch hatte es nichts von seiner Bedrohlichkeit eingebüßt. Die vom Rauch geröteten Augen blickten suchend nach allen Seiten, denn das Tier spürte, daß in der Nähe ein Feind lauerte. Es entblößte die Zähne

und stieß ein fürchterliches Gebrüll aus. Sein Schwanz peitschte erregt die Flanken, dann stampfte es heftig auf, daß der Boden unter seinem Gewicht und seiner Kraft erzitterte. Wie entsetzlich der Anblick auch sein mochte, Herakles ließ sich nicht beirren. Mit erhobener Keule stürzte er aus seinem Versteck, und bevor der Löwe auch nur die geringste Bewegung machen konnte, versetzte er ihm einen gewaltigen Schlag auf den Kopf. Der Schädel des Ungeheuers blieb unversehrt, während die steinharte Keule in zwei Teile zerbrach, so groß waren die aufeinander wirkenden Kräfte. Immerhin war die Attacke nicht umsonst gewesen. Der Keulenschlag hatte den bislang unbesiegten Löwen von Nemea betäubt, er schwankte und konnte sich nur mit Mühe auf den Beinen halten. Der Heros warf die zerbrochene Keule fort und sprang auf den Rücken des Tieres, dessen Hals er von hinten umklammerte. In dieser Position konnte ihn der Löwe weder beißen noch mit seinen Krallen erreichen.

Damit war das Schicksal des furchtbaren Ungeheuers besiegelt. Vergeblich versuchte es, den Feind abzuschütteln. Mit eisernem Griff drückte Herakles dem Löwen den Hals zu, bis dieser schließlich erstickte und seine schwarze Seele in die finsteren Tiefen der Unterwelt entwich.

Herakles ließ das Tier los und richtete sich langsam auf. Schweißüberströmt und zu Tode erschöpft, fühlte er nichts weiter als große Freude. Er hatte den Löwen von Nemea getötet und damit die erste Arbeit vollbracht. Jetzt mußte er ihn nur noch nach Mykene bringen, um ihn Eurystheus vor die Füße zu werfen. Der Heros versuchte, das Tier auf die Schultern zu nehmen, doch es war schwer und der Weg nach Mykene weit und voller Hindernisse. Ratlos ließ er von seinem Vorhaben ab, als ihm plötzlich der Gedanke kam, dem Löwen das Fell abzuziehen und Eurystheus dieses zu bringen. Wie aber konnte er das bewerkstelligen, wo doch die Haut des Tieres nicht einmal mit dem schärfsten Schwert zu durchtrennen war? Mit einer Kralle des Löwen, die er von dessen Tatze löste, gelang es Herakles schließlich ohne jede Mühe. Er hängte sich das Löwenfell über die Schultern und machte sich auf den Weg nach Mykene.

Zur gleichen Zeit ging in Kleonai ein Mann tief gebeugt unter der Last eines Holzbündels. An seiner Hütte angekommen, warf er den Packen auf die Erde und stöhnte laut auf. Es war niemand anders als Molorchos, der am nächsten Morgen das Totenopfer für Herakles vollziehen mußte, weil seit seinem Treffen mit dem Heros ein Monat vergangen war, ohne daß dieser zurückgekehrt wäre. Als Molorchos die Hütte betrat, dämmerte es schon. Er entfachte ein Feuer, nicht so sehr des Lichtes wegen, das durch die offene Tür noch zur Genüge hereinfiel, sondern, um sich eine Suppe zu kochen. Wie das Essen dann fertig war und er gerade den Kessel vom Herd nehmen wollte, tauchte mit einem Mal eine riesige Gestalt im Türrahmen auf. In ein Tierfell gehüllt, war sie fürchterlich anzusehen. Molorchos erschrak, doch als ihn der Fremde mit freundlicher Stimme begrüßte, wich jede Furcht von ihm, und er lud ihn ein, sein bescheidenes Mahl mit ihm zu teilen.

"Weißt du schon das Neueste?" fragte der Fremde, nachdem er sich gesetzt hatte. "Der Löwe von Nemea ist tot. Seine Seele verrottet jetzt im finsteren Hades, und wir können endlich unsere Herden unbesorgt auf der Weide lassen."

Anstatt in Begeisterung auszubrechen, seufzte Molorchos nur.

“Freust du dich gar nicht?” Der Fremde war zutiefst verwundert.

“Nein, ich freue mich nicht, denn ich weiß nicht, ob du die Wahrheit sprichst”, entgegnete Molorchos. “Eins ist jedoch gewiß, Herakles lebt nicht mehr. Morgen früh will ich ihm das Totenopfer spenden, draußen liegt schon das Holz bereit.”

“Laß uns morgen gemeinsam das Opfertier schlachten”, war die Antwort. “Für Zeus, den Retter, wollen wir es tun. Nimm eine Fackel, guter Mann, und schau mich an.”

Langsam begann Molorchos zu ahnen, wen er vor sich hatte. Er nahm ein brennendes Holzscheit aus dem Feuer und beleuchtete damit das Gesicht des Fremden. Es war tatsächlich Herakles, der da im Löwenfell vor ihm saß. Dem armen Mann kamen die Tränen, vor Freude konnte er kein Wort hervorbringen. Als er sich ein wenig gefaßt hatte, umarmte und küßte er den Heros und stellte die Suppenschüssel vor ihn hin.

“Ich habe bereits gegessen, ich bin nicht hungrig”, versicherte er.

Herakles durchschaute ihn sofort und bat um ein zweites Gefäß. Als es der gutherzige Molorchos gebracht hatte, schüt-

... “Herakles hat uns aufgetragen, dir das hier zu geben, o mächtiger König” ...

tete der Heros die Hälfte der Suppe hinein und schob die Schüssel seinem Gastgeber hin. An diesem Abend brannte das Feuer in der ärmlichen Hütte noch bis weit in die Nacht hinein. Mit angehaltenem Atem hörte Molorchos Herakles von seinem unglaublichen Abenteuer berichten.

Am nächsten Morgen standen beide Männer in aller Frühe auf. Sie vollzogen das Opfer, dann verabschiedete sich Herakles und zog nach Mykene weiter.

Einige Zeit später erschien der Heros am Tor des Palastes, von Kopf bis Fuß in das Fell des Löwen von Nemea gehüllt. Als ihn Eurystheus so erblickte, gefror dem König das Blut in den Adern. Seine Furcht war jetzt noch tausendmal größer als beim letzten Mal. Verstört lief er in sein Gemach, um den Anblick dieses "Wilden" nicht länger ertragen zu müssen, doch kaum hatte er sich leidlich beruhigt, erwartete ihn schon der nächste Schrecken. Die Tür ging auf, und herein kamen zwei Wachen mit dem Fell des Löwen von Nemea, das sie weit ausgebreitet vor sich her trugen.

"Herakles hat uns aufgetragen, dir das hier zu geben, o mächtiger König", verkündeten sie.

Bevor sie ihren Satz beenden konnten, sank Eurystheus ohnmächtig zu Boden, und als er wieder zu sich kam, war er in einer so jämmerlichen Verfassung, daß er nur noch schlafen wollte. Im Traum erschien ihm Hera und sagte ihm, wohin er Alkmenes Sohn dieses Mal schicken müßte, damit er nie mehr zurückkehrte.

Als Eurystheus erwachte, ließ er seinen Herold rufen und trug ihm auf, Herakles den Befehl zu überbringen, daß er die Hydra von Lerna töten solle.

Kopreus wandte sich zum Gehen, da rief ihm der König noch hinterher:

"Nimm die verfluchte Löwenhaut mit und gib sie diesem Kerl zurück!" Insgeheim dachte er sich, daß er das Fell so gleich mit aus der Welt schaffen könnte, denn Herakles mochte zwar den Löwen von Nemea getötet haben, doch dieses Mal würde er wohl schwerlich mit dem Leben davonkommen.

Die zweite Arbeit: Die Hydra von Lerna

Die Hydra von Lerna war, wie schon erwähnt, eine Schwester des Löwen von Nemea. Es handelte sich um ein giftiges Seeungeheuer, das in den Sümpfen nahe der alten Stadt Lerna hauste und die ganze Gegend unsicher machte. Niemand hatte bisher den Versuch unternommen, dieses Untier zu töten, denn es besaß neun Köpfe, von denen einer unsterblich war. Doch selbst wenn jemand tollkühn genug gewesen wäre, den Kampf gegen die Hydra zu wagen, so wäre er nicht an sie herangekommen, denn sie zog sich tief in die Sümpfe zurück, wohin ihr kein Mensch folgen konnte. Verließ sie diesen Zufluchtsort, dann verbarg sie sich stets im Wasser oder im Schilf, um ganz plötzlich über ihr ahnungsloses Opfer herzufallen.

Herakles beschloß, im Kampfwagen nach Lerna zu fahren, und er nahm dazu seinen Neffen Iolaos mit, der ein hervorragender Wagenlenker war. Der Heros hatte Keule, Schwert und Bogen bei sich und trug außerdem noch das Fell des Löwen von Nemea.

"Was für eine Dummheit von Eurystheus, mir das Fell zu überlassen", sagte er unterwegs zu Iolaos. "Er fürchtet mich und will mein Verderben, und doch gibt er mir diese Haut, der Pfeil, Speer und Schwert, ja selbst die Giftzähne der Hydra nichts anhaben können. Um so schlimmer für ihn, vor allem, weil er sie jetzt, wo er sie mir geschenkt hat, nicht mehr zurückfordern kann."

Inzwischen waren die beiden in die Nähe der Sümpfe gekommen. Herakles ließ Iolaos halten, stieg vom Wagen und trug dem jungen Mann auf, bei den Pferden zu bleiben. Er selbst wollte sich auf die Suche nach dem Ungeheuer machen.

"Laß mich mitkommen", bat Iolaos inständig.

"Nein, das geht nicht", entgegnete der Heros. "Ich muß

die Hydra von Lerna allein töten, diese Bedingung hat mir Eurystheus gestellt, weil er ganz sicher sein wollte, daß ich dabei ums Leben komme."

Herakles bewegte sich nur zögernd vorwärts. Er mußte auf der Hut sein, denn das Ungeheuer konnte jeden Augenblick vor ihm auftauchen. Außerdem bestand die Gefahr, daß der Boden unter seinen Füßen nachgab und er für immer im Sumpf versank.

Bald konnte er in der Ferne eine Stelle ausmachen, wo das Schilf sehr dicht stand. Dort befand sich mitten in einem tückischen Gelände die Quelle des Flusses Amymone. Als sich zwischen den Halmen etwas bewegte, wußte Herakles, daß er die Hydra gefunden hatte. Er mußte sie nur irgendwie auf festen Boden locken.

Wenige Augenblicke später hatte der Heros einen Plan. Er suchte trockene Zweige zusammen und entfachte ein Feuer. Dann hielt er die Spitzen seiner Pfeile in die Glut und legte den Bogen in Reichweite, um die brennenden Geschosse sofort in das von der Sonne ausgedörrte Schilf zu befördern, in dem sich das Ungeheuer verborgen hielt. So geschah es dann auch, und im gleichen Moment schlugen helle Flammen empor. Die Hydra fuhr aus ihrem Versteck, doch in welche Richtung sie sich auch wandte, überall gingen brennende Pfeile nieder. Nur ein Weg blieb offen, und der führte direkt zu Herakles. Sie zögerte nicht. Ein Biß würde genügen, um ihn zu töten, denn ihre Zähne sonderten das stärkste Gift ab, das es auf Erden gab.

Unter gräßlichem Zischen schwamm das Ungeheuer auf Herakles zu, kroch ans Ufer und stürzte sich auf seinen Feind. Der Heros erwartete es bereits. Er hatte sich noch fester in das Löwenfell gehüllt und begann nun, der Hydra mit dem Schwert die Köpfe abzuschlagen. Diese wiederum teilte Bisse aus, die seltsamerweise ohne Wirkung blieben. Und nicht nur das, es brachen ihr sogar Giftzähne aus. Weil aber alle Ungeheuer dumm sind, merkte auch die Hydra von Lerna nicht, daß sie nicht Herakles biß, sondern das, was er auf seinem Körper trug, nämlich die Haut ihres toten Bruders, des Löwen von Nemea.

Dennoch war es für den Heros kein leichter Kampf. Mit Bestürzung stellte er fest, daß das Ungeheuer jetzt noch mehr Köpfe hatte als zuvor, obwohl er sich sicher war, daß er sie fast alle abgeschlagen hatte. Beim genaueren Hinsehen bemerkte er, daß an Stelle jedes abgeschlagenen Kopfes sogleich zwei neue nachgewachsen waren, die nun bedrohlich ihr Maul öffneten und ihm die gefährlichen Zähne zeigten. Die Hydra biß zwar jetzt nicht mehr zu, denn sie wollte keine weiteren Zähne verlieren, doch Herakles mochte sich abplagen, soviel er wollte, er konnte nicht das geringste aus-

... Ein Biß würde genügen, um ihn zu töten ...

richten. Obendrein war es dem Ungeheuer inzwischen gelungen, seinen Fuß mit dem Schwanz zu umschlingen, und es versuchte, ihn auf diese Weise zu Boden zu zwingen. Nun wäre es freilich leichter gewesen, eine tausendjährige Eiche umzuwerfen, als den Sohn des Zeus, doch der Heros wurde in seiner Bewegungsfreiheit erheblich eingeschränkt. Es wurde ihm allmählich klar, daß er die Hydra mit dem Schwert allein unmöglich besiegen konnte. Gerade als er dies dachte, ließ ihn ein jäher Schmerz zusammenzucken. Er sah an seinem Bein hinunter. Nicht die Verletzung war es, die er fürchtete, sondern einzig und allein das Gift der Hydra. Zu seiner Beruhigung erblickte er einen riesigen Krebs. Hera hatte das Tier ausgesandt, damit es der Hydra zu Hilfe kam, die nicht länger zubeißen konnte. Herakles durchbohrte die Panzerschale des Krebses mit seinem Schwert und tötete ihn damit auf der Stelle. Enttäuscht nahm Hera das Tier und gab ihm einen Platz am Himmel. Es heißt, daß auf diese Weise das Sternbild des Krebses entstand.

Zweifellos war es Heras Absicht gewesen, Herakles zu schaden, doch sie erreichte genau das Gegenteil. Klug wie er war, begriff der Heros sofort, daß er nun ebenfalls das Recht hatte, Hilfe in Anspruch zu nehmen. Er rief Iolaos herbei, trug ihm auf, das Feuer neu zu entfachen und die Wurzeln der abgeschlagenen Häupter mit brennenden Holzscheiten auszusengen.

Der Jüngling tat, wie ihm geheißen wurde, und tatsächlich wuchsen nun keine Köpfe mehr nach, so daß Herakles einen nach dem anderen abschlagen konnte, bis zum Schluß nur noch das unsterbliche Haupt der Hydra auf ihrem Rumpf saß. Unter Aufbietung all seiner Kräfte holte der Heros ein letztes Mal mit dem Schwert aus, und einen Augenblick später rollte das gräßliche Ding auf dem Boden.

Herakles hob gemeinsam mit Iolaos eine tiefe Grube aus. Dorthinein warfen sie das unsterbliche Haupt der Hydra, das noch immer abscheulich zischte und die Zähne bleckte. Sie füllten die Grube mit Steinen und rollten zum Schluß einen riesigen Felsbrocken darauf, den niemand von der Stelle bewegen konnte. Denn selbst das abgeschlagene Haupt des Ungeheuers war noch gefährlich.

Das war das Ende der schrecklichen Hydra von Lerna. Herakles atmete befreit auf. Es machte ihn froh, wenn er daran dachte, daß die Menschen in den umliegenden Dörfern von nun an ihrer täglichen Arbeit ohne Angst nachgehen konnten.

Auch aus der zweiten Arbeit zog Herakles großen Nutzen. Er schlitzte den Körper der Hydra auf und tauchte die Spitzen seiner Pfeile in ihr Gift. Was immer ihm Heras Günstling in Zukunft auftragen würde, er war jetzt für alles gerüstet. Zum zweiten Mal hatte ihm der erbärmliche König von Mykene nicht nur nicht geschadet, wie es ja eigentlich seine Absicht gewesen war, sondern ihm sogar zu einer Waffe von unschätzbarem Wert verholfen: Pfeile, an deren Spitzen das Gift der Hydra von Lerna klebte.

Herakles und Iolaos sammelten die auf dem Boden liegenden Köpfe des Ungeheuers auf, taten sie in einen Sack und machten sich damit auf den Weg nach Mykene. Als sie im Palast des Königs ankamen, weigerte sich dieser auch nur einen Blick darauf zu werfen und erhob obendrein ein solches Geschrei, daß es in der ganzen Stadt zu hören war:

“Er will mich vergiften, der Schurke! Sagt ihm, er soll diese Köpfe wieder mitnehmen und sie irgendwo vergraben, weit weg von hier. Ich befehle es!”

Als er sich endlich beruhigt hatte und Angst und Zorn nachließen, verfiel er in eine tiefe Melancholie. Es war ihm bewußt geworden, daß es sehr schwer, vielleicht sogar unmöglich sein würde, Herakles aus dem Weg zu schaffen.

Die dritte Arbeit: Die Vögel vom Stymphalossee

Im nordöstlichen Teil von Arkadien lebte zu jener Zeit ein schrecklicher Vogelschwarm, der die ganze Gegend um den Stymphalossee in Angst und Schrecken versetzte. Die riesigen blutrünstigen Vögel besaßen Federn aus Bronze und Schnäbel und Krallen aus Eisen. Niemand durfte es wagen, sich dem See zu nähern, denn kaum hatten sie Mensch oder Tier gesichtet, ließen sie Federn fallen, die schwer und spitz wie Pfeile waren, um sich dann auf ihre verwundeten Opfer zu stürzen und sie aufzufressen. Eurystheus, dem Hera wieder einmal einen Fingerzeig gegeben hatte, befahl Herakles, die Vögel vom Stymphalossee auszurotten.

Der Heros nahm auch dieses Mal Iolaos mit. Ihm selbst diente das Löwenfell als Schutz, und der Jüngling trug einen großen Schild. Als die beiden an den See kamen, war alles ruhig. Kein einziger Vogel zeigte sich am Himmel. Auf dem sumpfigen Gelände fanden sie allerdings herabgefallene große Federn, die sich zum Teil tief ins Erdreich gebohrt hatten. Herakles hob eine davon auf und betrachtete sie von allen Seiten.

"Sie ist aus Bronze", sagte er, nachdem er sie in der Hand gewogen hatte. "Ein perfekter Pfeil. Kannst du dir vorstellen, was diese Federn anrichten, wenn sie zu Hunderten vom Himmel fallen? Dein Schild ist freilich fest genug, darum fürchte dich nicht. Du mußt nur auf der Hut sein. Ich habe das Löwenfell, mir können sie nichts anhaben."

Das Problem für Herakles bestand darin, daß sämtliche Vögel in ihren Nestern saßen und keiner von ihnen zu sehen war. Lange blieb es still, bis endlich zwei Vögel am Himmel erschienen. Kaum daß sie die beiden Männer entdeckt hatten, flogen sie über ihre Köpfe und ließen auf gut Glück ein paar Federn fallen. Zu einer weiteren Attacke blieb ihnen dann keine Zeit mehr. Zwei Pfeile setzten ihrem Leben ein Ende, und sie fielen in den See.

Nun konnte Herakles aber die dritte Arbeit nicht vollenden, indem er hin und wieder ein paar Vögel abschoß, die sich zufällig am Himmel zeigten. Es hieß ja, daß es unendlich viele von ihnen gab, und der Heros mußte die Gegend ein für allemal von dieser Plage befreien.

Während er darüber nachsann, wie diese schwierige Aufgabe zu bewältigen war, hörte er etwas Schweres neben sich aufschlagen und kurz darauf noch etwas.

"Zwei Klappern sind vom Himmel gefallen", rief Iolaos erstaunt.

Herakles hob eine davon auf. Sie ähnelte den Holzklappern, die die Landbewohner benutzten, um die Vögel von ihren Feldern zu vertreiben, nur daß sie viel größer und aus Bronze war.

"Die Göttin Athene hilft uns in der Not", sagte Herakles. "Mit diesen Klappern können wir die Vögel aufscheuchen. Nimm du die andere, Iolaos, und drehe sie. Schau, wie ich es mache."

... Kein einziger seiner Pfeile ging daneben ...

Der Heros begann, die Bronzeklapper in der Luft zu drehen, und Iolaos tat es ihm gleich. Sie machten einen furchtbaren Krach. Die Vögel, die auf den umliegenden Felsen nisteten, wurden aus ihrer Ruhe aufgeschreckt. Sie erhoben sich scharenweise in die Luft und verdunkelten mit ihren Körpern den Himmel. Zum Lärm der Klappern kam nun noch das Rauschen bronzegefiederter Schwingen und ihre gellenden Schreie. Es war ein ohrenbetäubendes Getöse.

“Jetzt ist es genug”, sagte Herakles und griff nach dem Bogen.

Kein einziger seiner Pfeile ging daneben. Mehrmals gelang es ihm sogar, zwei Vögel mit einem Schuß zur Strecke zu bringen, denn das an den Pfeilspitzen haftende Gift der Hydra von Lerna war so stark, daß schon der kleinste Kratzer genügte, um den Tod herbeizuführen. Die Vögel fielen zu Dutzenden vom Himmel. Ihre leblosen Körper versanken im grünen Wasser des Sees, sie stürzten ins Schilf oder schlugen mit metallischem Klirren auf die umliegenden Felsen.

Auf diese Weise erlegte Herakles den größten Teil der gefiederten Ungeheuer. Vergeblich versuchten die Vögel, die Männer mit ihren bronzenen Federn zu treffen, die sie unablässig auf sie niederregnen ließen. Beide hatten einen guten Schutz. Es dauerte nicht lange, bis die ganze Gegend von Kadavern übersät war. Die noch verbliebenen Vögel flogen mit einem angstvollen Krächzen davon und verschwanden hinter dem Horizont. Sie flohen über Wasser und Land auf eine einsame Insel im Schwarzen Meer und kehrten nie mehr zurück. Der Stymphalossee war somit von einem fürchterlichen Fluch befreit worden, und die Menschen, die an seinen Ufern lebten, konnten endlich wieder aufatmen.

Einen gab es jedoch, der über die Entwicklung der Dinge alles andere als erfreut war. Eurystheus geriet außer sich vor Wut, als er erfuhr, daß Herakles lebend zurückgekehrt war. Hera freilich wußte ihn zu trösten.

"Zwölf Arbeiten sind Herakles vom Orakel bestimmt worden", sagte sie, "und bisher hat er nur drei davon ausgeführt. Es ist mehr als wahrscheinlich, daß er bei einer dieser Arbeiten den Tod findet. Schicke ihn jetzt an die Hänge des Erymanthos. Dort lebt ein wilder Eber, den er dir lebend herbeischaffen soll. Das Tier ist so schnellfüßig, daß er es niemals ergreifen kann."

Die Göttin beugte sich zu Eurystheus hinab und flüsterte ihm ins Ohr, was für Gefahren Herakles bestehen mußte, bis er den Eber finden würde. Und der König von Mykene rieb sich vor Freude die Hände.

Die vierte Arbeit: Der Eber von Erymanthos

Als Herakles den neuen Befehl bekam, zerbrach er sich lange den Kopf darüber, weshalb sich der niederträchtige Eurystheus gerade diese Arbeit für ihn ausgedacht hatte. Gewiß, der Eber von Erymanthos war ein ungeheuer großes und wildes Tier, das, wann immer es die Berge herabkam, Felder und Gärten verwüstete, das Erdreich aufwühlte und alle Mühen der Menschen zunichte machte. Und wer das Pech hatte, ihm über den Weg zu laufen, hatte sein Leben verwirkt, denn den spitzen Hauern des Tieres konnte niemand so leicht entkommen. Darum war es Herakles freilich nicht bange, wußte er sich doch bestens zu schützen. Die einzige Schwierigkeit sah er darin, das Untier lebend zu fangen, aber auch das würde ihm wohl über kurz oder lang gelingen. Nun gab sich Herakles nicht der Illusion hin, daß ihm Eurystheus diesen Auftrag aus Mitleid mit den Bewohnern des Gebietes gegeben hatte. Was aber konnte sonst der Grund dafür gewesen sein?

Diese Frage beschäftigte den Heros noch, als Mykene schon längst hinter ihm lag. In wenigen Tagen hatte er die ersten Ausläufer des Erymanthos erreicht. Es war um die Mittagszeit, als Herakles an einer Quelle Rast machte, um seinen Durst zu löschen und sich etwas auszuruhen. Plötzlich hörte er Hufgetrappel. Er schaute sich um und entdeckte in der Ferne einen Reiter, der direkt auf die Quelle zugeritten kam. Als sich dieser bis auf Rufweite genähert hatte, bemerkte Herakles zu seiner Verwunderung, daß es kein Mann auf einem Pferd war, sondern ein Kentaur, ein Wesen mit menschlichem Oberkörper und dem Leib eines Pferdes.

Der Kentaur, dessen Name Pholos war, grüßte den Fremden freundlich und fragte ihn, was ihn bewogen habe, in diese unwirtliche Gegend zu kommen. Herakles gab sich zu erkennen und erzählte von seiner Aufgabe. Das Gesicht des Kentauren strahlte, denn er hatte schon viel von den Taten des Heros gehört.

“Es wäre mir eine Ehre”, sagte er, “wenn du mit in unsere Höhle kämest, um etwas zu essen und dich ein wenig auszuruhen. Laß uns sofort aufbrechen, damit du wieder fort bist, bevor meine Brüder zurückkehren. Sie sollen besser nicht erfahren, daß du mein Gast warst, denn sie sind von heftiger Gemütsart und verbreiten Angst und Schrecken in den Bergen. Einzig der alte Cheiron ist ruhig und vernünftig, er übertrifft an Weisheit sogar die Götter. Wenn sie doch nur auf ihn hören würden! Sollte es einem Reisenden gelingen, dem wilden Eber zu entkommen, uns entkommt er niemals. Eine finstere Gegend ist das hier. Niemand setzt seinen Fuß freiwillig in dieses Gebirge. Doch komm jetzt, du mußt etwas essen. Ich wünschte, ich könnte dich längere Zeit bei mir aufnehmen, aber meine Brüder machen mir Sorge. Wenn es ihnen in den Sinn kommt, könnten sie dich sogar töten, einfach nur so zum Zeitvertreib."

In der Höhle angekommen, bewirtete Pholos seinen Gast mit großer Herzlichkeit. Er stellte die verschiedensten Speisen vor Herakles auf den Tisch, bot ihm allerdings nichts zu trinken an.

Der Heros bemerkte ein großes bauchiges Gefäß mit Wein in einer Ecke der Höhle und wußte nicht, was er von alledem halten sollte. Als er den ersten Bissen in den Mund gesteckt hatte, konnte er sich nicht länger beherrschen.

"Das Essen ist ausgezeichnet", lobte er den Kentauren, "aber ohne Wein will es nicht so recht rutschen."

Pholos war die Situation äußerst unangenehm. Er bedauerte, daß er seinem Gast keinen Wein eingeschenkt hatte, doch war dies nicht ohne Grund geschehen.

"Wir Kentauren besitzen den besten Wein der Welt", erklärte er dem Heros, "aber wir geben nicht einmal den Göttern davon zu trinken. Für dich will ich jedoch eine Ausnahme machen, ich hoffe nur, daß es meine Brüder nicht bemerken."

Mit diesen Worten füllte er zwei Becher und reichte einen

davon Herakles. Der kostbare Wein verströmte ein würziges Aroma.

Pholos' Gutmütigkeit sollte aber verhängnisvolle Auswirkungen haben.

Hera ließ einen leichten Wind aufkommen, der den intensiven Weingeruch mit sich fortnahm und ihn geradewegs zu den anderen Kentauren trug.

"Es riecht nach unserem Wein!" stellte einer von ihnen fest.

"Jemand trinkt unseren Wein!" warf der nächste ein.

"Jemand stiehlt unseren Wein!" rief ein dritter, und schon hatten sie sich in Bewegung gesetzt, um zur Höhle zurückzugaloppieren.

Pholos, der als erster das Hufgetrappel gehört hatte, stürzte ins Freie hinaus.

"Wir sind verloren", schrie er angstvoll. "Sie haben etwas gemerkt und kommen zurück."

Inzwischen war auch Herakles vor die Höhle getreten.

Sobald die Kentauren einen Menschen vor ihrer Behausung erblickten, wurde ihre Entrüstung noch größer. Sie bewaffneten sich unterwegs notdürftig, indem sie mit ihren kräftigen Armen gewaltige Steine in die Höhe stemmten und Zypressen ausrissen. Dann stürmten sie in wildem Galopp auf die Höhle zu. Die Gefahr für Herakles wuchs von Sekunde zu Sekunde.

Der weise Cheiron versuchte, seine rasenden Artgenossen zur Vernunft zu bringen, doch er hatte nicht die geringste Aussicht, sich Gehör zu verschaffen. Die übrigen Kentauren hatten bereits damit begonnen, Felsbrocken zu werfen. Sie waren allerdings noch zu weit entfernt, um Herakles zu treffen, der nun keinen Augenblick mehr zögerte, sondern zum Bogen griff. Ein Pfeil nach dem anderen schnellte von der Sehne, und ein jedes der Geschosse brachte einen Kentauren zur Strecke. Die Wirkung des Giftes der Hydra war so stark, daß die kräftigen Wesen wie vom Blitz getroffen zu Boden stürzten. Cheiron mahnte seine Brüder erneut, von Herakles abzulassen, doch die Kentauren beachteten ihn nicht. Ihre Reihen lichteten sich immer mehr. Als die wenigen Überlebenden sahen, daß die Niederlage nicht abzuwenden war, so unglaublich ihnen dies auch erscheinen mochte, liefen sie in alle Himmelsrichtungen auseinander. Manche von ihnen flohen bis zum Kap Malea, an die südöstlichste Spitze des Peleponnes, andere wiederum, wie zum Beispiel der Kentaur Nessos, ließen sich in Aitolien, in der Nähe des Flusses Euenos, nieder.

Auf diese Weise wurden die wilden Kentauren von den Hängen des Erymanthos vertrieben, doch Herakles brachte dieser Sieg nichts als bitteres Leid.

Einer der tödlichen Pfeile hatte die Schulter eines Kentauren gestreift, um dann im Fuß des weisen Cheiron stekkenzubleiben, der als einziger von allen unsterblich war. Das Gift der Hydra verursachte eine böse Entzündung, die dem alten Kentauren unerträgliche Schmerzen bereitete. Herakles wusch ihm die Wunde eigenhändig aus, doch er wußte, daß sie niemals heilen würde. Und er sollte Recht behalten. Cheiron quälte sich viele Jahre, bis er am Ende den Göttervater bat, ihn von seiner Pein zu erlösen. Zeus erhörte sein Flehen wohl, ließ es aber nicht zu, daß der Gott der Unterwelt Cheiron in sein finsteres Reich mitnahm, sondern erhob ihn in den Himmel, wo er bis heute im Sternbild Zentaur seinen Platz hat.

Nun sollte aber an diesem unheilvollen Tag noch mehr geschehen. Voller Trauer um seine verlorenen Brüder hatte sich Pholos gebückt und einen der Pfeile vom Boden aufgehoben.

“Wie ist es nur möglich”, fragte er ungläubig, “daß ein winziger Pfeil dermaßen schnell den Tod herbeiführen kann?”

“Faß ihn nicht an!” schrie Herakles so laut, daß Pholos zusammenzuckte und den Pfeil fallenließ. Dabei ritzte ihm die Pfeilspitze ein wenig den Fuß auf, und das wurde ihm zum Verhängnis. Das Gift der Hydra von Lerna wirkte sofort und tötete ihn auf der Stelle.

Voller Wehmut begrub Herakles seinen Freund, um dann den Unglücksort so schnell wie möglich zu verlassen. Er schlug einen Pfad ein, der ihn in höhere Gebirgslagen führte, und machte sich auf die Suche nach dem wilden Eber.

Inzwischen war es ihm längst nicht mehr unbegreiflich, weshalb ihn Eurystheus gerade in diese Gegend geschickt hatte. Wenn es dem König von Mykene nicht geglückt war, ihn physisch zu vernichten, so hatte er ihn doch im Innersten getroffen. Der Kummer über den Tod seines Freundes und die Verletzung des weisen Cheiron sollte dem Heros noch lange zusetzen.

Trotz alledem mußte er jetzt Eurystheus' Befehl ausführen und den Eber finden. Nach langem Umherirren entdeckte er das Tier endlich. Er hätte es mühelos töten können, doch sein Auftrag lautete, es lebend nach Mykene zu bringen, und das war kein so leichtes Unterfangen.

Viele Tage und Nächte lang verfolgte Herakles den wilden Eber, der schnell wie der Wind vor ihm davonlief. Das Tier verschwand oft in dichtem Gebüsch oder nahm seinen Weg durch schmale Felsspalten, durch die ihm der Heros nicht folgen konnte, so daß er es längere Zeit aus den Augen verlor. Er spürte es dann jedesmal mit viel Mühe wieder auf und setzte die Jagd fort, die, wie es schien, niemals zu einem Ende kommen sollte. Es mußte aber doch eine Möglichkeit geben, den Eber zu fangen. Herakles nahm sich einen Augenblick Zeit, um über die Situation nachzudenken. Mit Kraft und Schnelligkeit allein würde er hier nicht ans Ziel kommen, er mußte mit Klugheit zu Werke gehen, was ihm freilich nicht schwerfiel.

"Ich muß ihn in die Enge treiben", dachte er schließlich, "damit er mir nicht mehr entwischen kann."

Herakles erklomm einen hohen Felsen und schaute sich um. Sein Blick fiel auf die schneebedeckten Gipfel des Gebirges.

"Das ist der geeignete Ort", entschied er und nahm die Jagd wieder auf, wobei er den Eber nach und nach in höhere Regionen drängte. Immer wenn das Tier einen anderen Weg einschlagen wollte, warf er ihm Steine vor die Füße, so daß ihm nichts weiter übrig blieb, als in die von Herakles gewünschte Richtung zu laufen. In unmittelbarer Nähe des Gipfels trieb der Heros den Eber in eine vom Schnee zugewehte Senke. Unter den kurzen, dünnen Beinen des Tieres gab der weiche Untergrund sofort nach, und sein schwerer Körper versank tief im Schnee. Schon nach wenigen Augenblicken konnte es sich weder vorwärts noch rückwärts bewegen.

So war es Herakles ein Leichtes, dem Eber die Füße zusammenzubinden. Er lud sich das Tier umgekehrt auf den Rücken, damit es ihn nicht mit seinen scharfen Eckzähnen verletzen konnte, und machte sich auf den Weg nach Mykene.

Mit großen, sicheren Schritten passierte der Heros das Palasttor, ohne die verblüfften Wachen auch nur eines Blikkes zu würdigen. Zufällig lief er gerade Eurystheus in die Arme, dem, als er Herakles mit dem wilden Eber auf dem Rücken sah, ein lauter Schrei entfuhr und die Knie vor Entsetzen zitterten. Und dann kam es zu der Szene, die in der antiken Vasenmalerei immer wieder dargestellt wurde. Der mächtige König von Mykene fürchtete sich so sehr, daß er mit einem gewaltigen Satz in einem Vorratsgefäß verschwand. Herakles tat so, als ob nichts geschehen wäre. Er trat näher an das Gefäß heran, unter dem Vorwand, Eurystheus das Wildschwein zeigen zu wollen, beugte seinen Rücken, bis die spitzen Hauer des Tieres fast das Gesicht des feigen Wichtigtuers berührten, aus dem inzwischen jegliche Farbe gewichen war. Der König zitterte am ganzen Leib, selbst der Anblick des Todes hätte ihm keinen größeren Schrecken einjagen können.

Die fünfte Arbeit: Die Hindin von Keryneia

Neun Tage brauchte Eurystheus, bis er sich von dem Vorfall erholt hatte. Zum ersten Mal war Herakles eine Ruhe-

... Der mächtige König von Mykene fürchtete sich so sehr, daß er mit einem gewaltigen Satz in einem Vorratsgefäß verschwand ...

pause vergönnt, und die hatte er bitter nötig. Am zehnten Tag ließ ihn der Herold rufen, um ihm den neuen Befehl seines Herrn zu übermitteln, der lautete, daß er die schnelle Hindin von Keryneia, das heilige Tier der Göttin Artemis, einfangen und lebendig nach Mykene bringen sollte.

“Jetzt wird er einmal eine Jagd ohne Ende erleben”, frohlockte Eurystheus, und der Gedanke, Herakles auf diese Weise lange Zeit quälen und erniedrigen zu können, bereitete ihm großes Vergnügen, denn er glaubte nicht im entferntesten daran, daß der Heros in der Lage war, diese Aufgabe zu erfüllen.

“Falls es ihm doch gelingen sollte, desto schlimmer für ihn”, spann er den Gedanken weiter. “Er wird es mit Artemis zu tun bekommen, die diese Hirschkuh liebt und beschützt. Sie ist eine unbarmherzige Göttin, die keine andere Strafe kennt als den Tod.”

Es stimmte tatsächlich, daß die Hindin das Lieblingstier der Artemis war. Die Göttin hatte sie von Taygete, der Tochter des Atlas, geschenkt bekommen, die auch die Mutter des Lakedaimon war, einem der ersten Könige Spartas.

Die Hindin von Keryneia war das schönste und schnellste Tier auf der Welt. Ihre bronzenen Hufe wurden niemals müde, und auf dem Kopf trug sie ein wundervolles Geweih aus reinem Gold.

Herakles jagte die Hindin ein ganzes Jahr lang. Er ließ Berge, Täler und tiefe Schluchten hinter sich, durchquerte weite Ebenen und breite Flüsse. Das Tier floh über die Landenge von Korinth und die Hänge des Kithairon, des Parnassos und des Oites nach Thessalien und Illyrien. Der Heros scheute weder sengende Hitze noch klirrende Kälte, er zerschrammte sich die Füße an spitzem Gestein und versank so manches Mal tief im Schnee. Die Hindin von Keryneia führte ihn weit in den Norden bis zur Quelle des Istros und ins Land der Hyperboreer, um dann wieder nach Griechenland und auf den Peleponnes zurückzukehren. Sie erreichten die Berge Arkadiens, und Herakles wartete noch immer vergeblich auf ein Zeichen der Erschöpfung bei dem Tier, das seinen Verfolger niemals so nahe an sich heran ließ, daß er es hätte ergreifen können.

Als es jedoch die Hänge des Artemision hinabstieg und den Fluß Ladon vor sich erblickte, mußte es wohl oder übel seinen Lauf verlangsamen, um nach einer Furt zu suchen. In diesem Moment wurde Herakles bewußt, daß es keine günstigere Gelegenheit mehr geben würde, deshalb spannte er seinen Bogen und zielte auf die Beine der Hindin. Der Pfeil schwirrte durch die Luft und heftete Vorder- und Hinterläufe des Tieres genau in dem Augenblick zusammen, als sie sich bei einem Sprung unter seinem Körper trafen. Er ging zwi-

schen Knochen und Sehnen hindurch, so daß die Hindin nicht ernstlich verletzt wurde. Mit diesem Schuß bewies der Heros sein ganzes Können. Ohne einen Tropfen Blut zu vergießen, war es ihm gelungen, das Tier aufzuhalten, und er konnte es sich nun mühelos auf die Schultern laden.

Er hatte jedoch die Hindin kaum berührt, als ihn eine strenge Stimme zusammenfahren ließ.

“Wie kannst du es wagen!” hallte es in der verlassenen Gegend wider.

Herakles wandte sich um und sah, daß Artemis, die große Göttin der Wälder, hinter ihm stand und den Bogen auf ihn angelegt hatte. Auf ihrem Gesicht spiegelte sich hemmungslose Wut.

Der Heros wußte, daß die Hindin Artemis geweiht war. Er wußte auch, wie schrecklich die Göttin in ihrem Zorn sein konnte, daß sie oft das kleinste Vergehen auf grausamste Weise ahndete. Der Königssohn Aktaion kam ihm in den Sinn, der sie unabsichtlich beim Baden überrascht hatte und dafür mit seinem Leben büßen mußte. Und Niobe, die Artemis bestrafte, indem sie erbarmungslos ihre Kinder tötete. Außerdem war es der Göttin gelungen, die Söhne des Aloeus zu töten, zwei Riesen, die dereinst die Götter des Olymp bedroht hatten.

All dies wußte Herakles sehr wohl, und dennoch hatte er keine Angst.

"Wie kannst du es wagen!" wiederholte Artemis. "Woher nimmst du die Unverfrorenheit, auf meine Hindin zu schießen? Ein ganzes Jahr lang jagst du sie nun schon, und ich habe nichts unternommen, weil ich wußte, daß du sie mit bloßen Händen niemals fangen würdest. Es hat dir aber nicht genügt, sie durch die halbe Welt zu hetzen, nein, du mußtest ihr obendrein noch Leid zufügen. Für wen hältst du dich überhaupt? Es mag wohl sein, daß du der Sohn des Zeus und somit mein Bruder bist, deswegen bist du aber noch lange kein Gott, und ich werde kein Mitleid mit dir haben. Die Menschen müssen lernen, die Götter zu achten. Besinne dich nur schnell, was du tun wirst, denn meine Pfeile verfehlen niemals ihr Ziel."

"Ich werde tun, was mir Eurystheus, dieser erbärmliche Wicht von einem König, befohlen hat", antwortete Herakles. "Sein Wille ist es, daß ich die Hindin zu ihm bringe und sie ihm zeige, erst dann kann ich sie wieder freilassen. Es war nicht mein Entschluß, das Tier zu jagen, die Götter haben es so gewollt. Wie du siehst, achte ich die Götter und ihre Beschlüsse. Wenn du also immer noch glaubst, daß ich mich nicht richtig verhalte, dann töte mich."

Die Antwort des Heros erstaunte die Göttin. "Wenn du glaubst, daß ich mich nicht richtig verhalte, dann töte mich." Herakles verhielt sich richtig, das war offenkundig. Und doch hatte er auf ihre Hindin geschossen, was einer schweren Beleidigung gleichkam. Widersprüchliche Empfindungen stritten in ihr, einerseits ließ ihr ihr göttlicher Stolz keine Ruhe, andererseits riet ihr die Stimme der Vernunft nachzugeben. Eine Weile stand sie noch reglos, unentschlossen, was sie tun sollte, dann ließ sie den Bogen sinken.

"Gut, bring das Tier zu Eurystheus", sagte sie. "Gib nur acht, daß ihm nichts weiter geschieht. Zum ersten Mal ist es einem Menschen gelungen, meinen Willen zu brechen. Du kannst dir gratulieren, Herakles."

Auf diese Weise brachte Herakles die Hindin von Keryneia nach Mykene. Manchmal sind eben Kraft, Schnelligkeit, ja sogar Klugheit allein nicht ausreichend, um eine große Tat zu vollbringen. Es ist auch eine edle Gesinnung vonnöten, und gerade die bewies der Sohn der Alkmene immer wieder aufs neue.

Der kleinmütige Eurystheus schäumte allerdings vor Wut,

als er erfuhr, daß Herakles auch diese Arbeit bewältigt hatte.

“Es gibt jedoch eine Möglichkeit, Herakles in Zukunft von Mykene fernzuhalten und ihn zugleich über alle Maßen zu demütigen”, tröstete er sich. “Ich werde dafür sorgen, daß er den Rest seines Lebens im Schmutz verbringt.” Und er rief sogleich den Herold herbei:

“Kopreus, Kopreus, befiel Herakles, die Stallungen des Augeias zu säubern!”

Die sechste Arbeit: Die Ställe des Augeias

König Augeias regierte in der an der Westküste des Peleponnes gelegenen Elis. Er besaß riesige Viehherden, und in seinen Ställen hatten sich Unmengen von Mist angehäuft, die niemals weggeräumt wurden.

Augeias war der Sohn des Sonnengottes Helios. Dreihundert prächtige schwarze Zuchtbullen mit weißen Fesseln hatte er von seinem Vater geschenkt bekommen, außerdem konnte er noch zweihundert purpurrote Bullen und zwölf schneeweiße sein eigen nennen. Eines dieser Tiere strahlte wie die Sonne, so als ob es selbst der mächtige Gott des Tages wäre.

Außer diesem Vieh gehörte Augeias das fruchtbarste Land weit und breit. So merkwürdig es aber klingen mag, die ertragreichen Felder der Elis bereiteten dem König großes

Kopfzerbrechen, denn die Böden waren so fett, daß sie nicht gedüngt werden durften.

Das war auch der Grund, weshalb man den Mist in den Ställen ließ, so daß sich im Lauf der Jahre riesige Mengen davon angehäuft hatten, die praktisch nicht mehr zu beseitigen waren. Selbst wenn alle Bewohner des Landes, Männer, Frauen und Kinder, viele Jahre hindurch Tag und Nacht in den Ställen gearbeitet hätten, wäre es ihnen kaum gelungen, die übelriechende Masse wegzuschaffen. In den Ställen des Augeias hatte sich so viel Mist angesammelt, daß davon die ganze Gegend verpestet wurde.

Herakles' sechste Aufgabe war es also, diese Ställe ohne fremde Hilfe zu säubern.

"Wenn er sein ganzes Leben in Bergen von Mist zubringen muß, um schließlich auch darin zu sterben", dachte Eurystheus mit geheimer Freude, "dann werden wir sehen, wer mehr wert ist, ein mächtiger König wie ich oder ein nichtsnutziger Heros, der meinen Befehlen gehorchen muß."

Als Herakles in die Elis kam, ging er geradewegs in die königlichen Ställe. Dort erst wurde ihm seine Aufgabe in ihrem ganzen Ausmaß deutlich, und er fand erneut bestätigt, was für ein gehässiger Mensch Eurystheus war.

"Es muß aber doch eine Möglichkeit geben, mit dieser Arbeit fertigzuwerden", sagte er sich und begann nachzudenken.

Schon bald nahm ein Plan in seinem Kopf Gestalt an. Der Heros bestieg eine Anhöhe und sah sich aufmerksam die ganze Gegend aus der Vogelperspektive an. Links und rechts von ihm wanden sich zwei Flüsse, riesigen Schlangen gleich schimmerten sie im Sonnenlicht und verloren sich dann am Horizont. Die Ställe des Königs befanden sich genau zwischen dem Alpheios und dem Peneios, den beiden größten Flüssen des Peleponnes. Herakles warf noch ein letztes Mal einen prüfenden Blick in die Runde und machte sich dann voller Zuversicht auf den Weg zu Augeias.

"Ich bin Herakles, der Sohn der Alkmene", begann er, als er vor dem König stand. "Ich will deine Ställe saubermachen."

"Hoffentlich hast du genügend Männer bei dir", versetzte Augeias ironisch, "ich kann dir nämlich keinen einzigen überlassen."

"Ich brauche keine Gehilfen", entgegnete Herakles, "das schaffe ich allein."

Der König lachte.

"Was glaubst du, wie lange du leben wirst", fragte er, "tausend Jahre vielleicht?"

"Ich werde deine Ställe an einem einzigen Tag säubern", sagte der Heros mit fester Stimme.

“Hör mal, Herakles”, erwiderte Augeias, “ich mag es nicht, wenn man sich über mich lustig macht.”

“Ich mache mich nicht über dich lustig, ich meine es ernst. Die Mistberge werden morgen abend verschwunden sein.”

“Wenn du wirklich hältst, was du versprichst, dann gebe ich dir ein Zehntel von meinem Vieh.” Der König rief seinen Sohn Phyleus als Zeugen für das Angebot herbei.

Phyleus forderte Herakles auf zu schwören, daß er die Ställe seines Vaters an einem Tag säubern werde.

Herakles, der noch nie in seinem Leben einen Eid abgelegt hatte, tat es jetzt.

“Nun schwöre auch du, Vater, daß du Herakles den zehnten Teil deines Viehs überläßt, wenn er seine Aufgabe erfüllt”, sagte Phyleus.

Der König schwor, was von ihm verlangt wurde, und am nächsten Morgen machte sich Herakles in aller Frühe ans Werk.

Als die Sonne schon hoch am Himmel stand, erschien Augeias in den Ställen, um sich persönlich zu überzeugen, wie die Arbeit voranging. Herakles war allerdings nirgends zu sehen, und auch sonst hatte sich nicht das geringste verändert.

“Wozu bin ich nur hergekommen?” rief der König ärgerlich. “Der Gestank ist ja nicht zum Aushalten. Ich habe es gleich gewußt, daß er nicht bei Verstand ist, und bin auch noch so dumm, mich auf einen Handel mit ihm einzulassen, mit Schwüren und Zeugen und allem, was dazugehört."

"Majestät!" Ein Schafhirte war an Augeias herangetreten. "Ich habe Herakles am Peneios gesehen."

"Hier liegt seine Arbeit, und er geht an den Fluß!" Der König wurde zunehmend ungehaltener. "Was macht er denn dort?"

"Ich weiß auch nicht, was er vorhat", entgegnete der Hirte, "es ergibt keinen Sinn. Er wirft Erde, Steine, ja sogar ganze Felsbrocken in den Fluß. Unglaublich stark ist dieser Mann, er könnte es sogar mit den Titanen aufnehmen. Doch was nützt uns das schon. Ja, wenn er einige Jahre in den Ställen arbeiten wollte, dann wäre uns wahrhaftig geholfen."

"Ich habe es ja gesagt, er ist verrückt", beendete der König das Gespräch. "Nun kommt ins Freie, ich werde noch ohnmächtig in dieser Luft." Beim Hinausgehen hielten sie sich die Nasen zu.

Herakles arbeitete tatsächlich an den Flüssen. Bis zum Mittag hatte er zwei Dämme gebaut, hinter denen sich das Wasser staute.

"Es kann nicht mehr lange dauern, bis sich die Flüsse einen neuen Weg suchen, genau wie ich es vorausberechnet habe", dachte er und lief zu den Ställen. Dort öffnete er das

... Besser hätte Herakles seine Aufgabe nicht erfüllen können ...

Gemäuer an zwei Stellen und zog sich dann auf einen erhöhten Platz in der Nähe zurück, um zu beobachten, was geschehen würde.

“Da kommt schon der Peneios!” rief er triumphierend. Und einen Augenblick später: “Da ist auch der Alpheios!”

Die Wasserfluten stürzten durch die beiden Öffnungen in die Ställe und säuberten diese schnell und gründlich. Herakles lächelte zufrieden.

Auf diese Weise wurde nicht nur der Mist weggeschafft, sondern auch die Ställe von innen ausgespült. Besser hätte Herakles seine Aufgabe nicht erfüllen können.

Er lief zu seinen Dämmen zurück und zerstörte sie. Nachdem er noch das Mauerwerk der Ställe instandgesetzt hatte, gab es nichts mehr für ihn zu tun. Als sich die Sonne dem Horizont zuneigte, suchte er den König auf.

Dieser hatte bereits erfahren, was geschehen war. Anstatt sich zu freuen, raste er vor Wut, denn er wollte Herakles das versprochene Vieh nicht geben.

“Nicht du hast die Ställe gereinigt, die Flüsse haben es getan”, schrie er den Heros an.

“Was willst du damit sagen?” fragte Herakles erstaunt.

“Ich will damit sagen, daß mir die Flußgötter Alpheios und Peneios die Ställe gereinigt haben”, erklärte Augeias. “Ihnen schulde ich Dankbarkeit, nicht dir.”

“Mir schuldest du also nichts? Was ist mit unserer Vereinbarung?”

“Ich weiß von keiner Vereinbarung.”

“Und dein Schwur?”

“Ich habe keinen Schwur abgelegt!” brüllte Augeias außer sich. “Jetzt verschwinde hier, du Halunke!”

So viel Unverfrorenheit verschlug Herakles die Sprache. Es ging ihm nicht um das versprochene Vieh, einzig das Verhalten des Königs war es, das ihn aufbrachte. Deshalb ließ er die Angelegenheit nicht auf sich beruhen, sondern brachte sie vor ein Schiedsgericht.

Die Richter riefen Phyleus, den Sohn des Königs, als Zeugen herbei. Dieser sagte mutig die Wahrheit und verhalf Herakles damit zu seinem Recht. Augeias weigerte sich, den Beschluß des Gerichtes anzuerkennen. Er verwies die Richter des Landes, verstieß seinen eigenen Sohn und verbot es Herakles, jemals wieder die Elis zu betreten.

“Irgendwann kehre ich doch zurück”, entgegnete der Heros. “Deine schmutzigen Tricks werden dir noch teuer zu stehen kommen. Am liebsten würde ich dich jetzt auf der Stelle bestrafen, doch dazu ist keine Zeit, ich muß zuvor eine schwere Schuld abbüßen. Glaube aber nicht, daß ich deine Unverschämtheit vergessen werde.”

Tatsächlich zog Herakles lange Zeit später, nachdem er

die zwölf Arbeiten vollbracht hatte, mit einem Heer in die Elis. Er tötete Augeias im Kampf und erhob dessen Sohn Phyleus auf den Königsthron. Das Vieh, das ihm zustand, wollte er nicht annehmen. Dafür schenkte ihm Phyleus ein Stück Land am Peneios, auf dem Herakles dem Olympischen Zeus zu Ehren einen Tempel und ein Stadion errichten ließ. Von letzterem wird gesagt, daß er es mit seinen eigenen Schritten ausmaß. Er nannte den Ort Olympia und rief die Olympischen Spiele ins Leben.

Doch zurück zu unserer Geschichte. Als Herakles nach Mykene zurückkehrte, war Eurystheus sehr erstaunt, denn er hatte nicht damit gerechnet, ihn jemals wiederzusehen. Zitternd befahl er Kopreus, in Erfahrung zu bringen, weshalb Herakles wieder da war, hatte er ihm doch eine Arbeit aufgegeben, die der Heros nicht einmal in tausend Jahren vollbringen konnte.

"Ich habe mich schon umgehört, mächtiger König", erwiderte der Herold. "Herakles hat die Ställe des Augeias an einem einzigen Tag gesäubert." Und er erzählte ihm, wie dies geschehen war.

Eurystheus hörte die Worte seines Herolds, und ein kaltes Grausen überlief ihn. Allzu deutlich erkannte er nun, daß Herakles nicht nur mutig und stark, sondern auch außergewöhnlich klug war. Der geistig schwerfällige König von

Mykene fühlte, daß er im Vergleich zu diesem Mann ein Nichts war, und das ließ ihn den Tod des anderen mehr als je zuvor herbeisehnen. Es schien aber, als ob er ihm nichts anhaben könnte, denn Herakles kehrte von jeder Prüfung siegreich zurück. Er hatte den Löwen von Nemea und die Hydra von Lerna getötet, die Vögel vom Stymphalossee verjagt, den Eber von Erymanthos und die Hindin von Keryneia lebend nach Mykene gebracht und jetzt auch noch die Ställe des Augeias gesäubert. Die Hälfte der Arbeiten war vollbracht. Unglaubliches hatte der Heros schon geleistet, es gab also keinen Grund, weshalb er nicht auch die restlichen Aufgaben erfüllen sollte. Gedanken dieser Art ließen Eurystheus keine Ruhe, bis ihm Hera zu Hilfe kam. Sie versicherte ihm, daß es eine Möglichkeit gäbe, noch schwierigere Arbeiten für Herakles auszuwählen. Er müsse ihn nur weit genug wegschicken. So kam es, daß der Heros, der bisher den Peloponnes kaum verlassen hatte, für die nun folgenden Arbeiten lange, oftmals sehr gefährliche Reisen unternehmen mußte.

Die siebente Arbeit: Der Stier von Kreta

In der Tat barg die siebente Arbeit eine zusätzliche Gefahr. Eurystheus befahl Herakles, den furchtbaren Stier zu fangen, der die Felder Kretas verwüstete. Und als ob das noch nicht genug wäre, sollte er ihn obendrein noch lebend über das Meer nach Mykene bringen.

Allem voran muß jedoch erklärt werden, was es mit diesem Stier auf sich hatte.

Minos, der berühmte König von Kreta, hatte einst dem Erderschütterer Poseidon versprochen, daß er ihm jede Kreatur opfern würde, die an der Küste Kretas aus dem Meer käme. Nun trug es sich zu, daß der Meeresgott eines Tages einen wundervollen Stier mit goldenen Hörnern und bronzenen Hufen aus den Wellen auftauchen ließ. Als Minos das herrliche Tier sah, brachte er es nicht über sich, es zu opfern, sondern behielt es in seinen Ställen und führte an seiner Statt einen gewöhnlichen Stier zum Altar des Meeresgottes.

Poseidon war darüber zutiefst gekränkt.

“Jetzt zeigt es sich also, wie Minos die Götter achtet!” rief er voller Zorn. “Wenn er aber glauben sollte, daß es ihm nützt, den Stier gegen meinen Willen zu behalten, so irrt er sich. Er wird bald sehen, daß ihm das Tier nur Unheil bringt.”

Der schöne Stier, der bisher friedlich wie ein Lamm gewesen war, erwies sich plötzlich als wild und unberechenbar. In hemmungsloser Zerstörungswut stürzte er sich auf Mensch und Tier und verbreitete überall nur Furcht und Schrecken. Anfangs glaubten nicht wenige Männer, den Stier bändigen oder töten zu können, doch überlebte keiner von ihnen den ungleichen Kampf mit einem Wesen, das den Zorn des Meeresgottes in sich trug.

So stand es also um den Stier, den Herakles lebend nach Mykene bringen mußte. Wie sollte er sich mit dieser wilden Bestie auf das weite Meer hinauswagen?

Der Heros segelte nach Kreta und bat König Minos um Erlaubnis, den Stier zu fangen und nach Mykene mitzunehmen.

“Ich habe nichts dagegen”, antwortete Minos, “doch ich bezweifle, daß es dir gelingen wird. Mit diesem Ungeheuer willst du übers Meer fahren? Du mußt nicht ganz bei Verstand sein! Hoffentlich hast du Erfolg, doch wenn nicht, so werde ich dir auch keine Träne nachweinen. Ein Heros mehr oder weniger, das ist kein großer Verlust für die Welt.”

“Wie sie mich hassen, diese Könige”, dachte Herakles. “Eurystheus, Augeias und nun Minos. Doch sei’s drum, ich muß den Stier fangen und ihn nach Mykene bringen.”

Herakles hatte das rasende Tier bald gefunden, das, sobald es den Heros erblickte, mit gesenktem Kopf und vorgereckten Hörnern auf ihn losging. Das Donnern der Hufe dröhnte ihm in den Ohren, doch er wich nicht einen Schritt von der Stelle. Erst im allerletzten Moment, als die Hörner schon vorschnellten, sprang er zur Seite. Der Stier stieß ins Leere, verlor dabei das Gleichgewicht, seine Vorderbeine

knickten ein, und die Hörner bohrten sich tief in den Boden. Im Bruchteil einer Sekunde war das Tier allerdings schon wieder auf den Beinen. Unter ohrenbetäubendem Gebrüll drehte es sich im Kreis und wirbelte riesige Staubwolken auf. Dann nahm es zum zweiten Mal Anlauf und stürmte wutschnaubend auf seinen Widersacher zu. Der Stier war auch jetzt noch schrecklich anzusehen, doch es war ihm anzumerken, daß seine erste Attacke Kraft gekostet hatte. Herakles sprang dieses Mal nicht zur Seite, sondern blieb stehen, um ihn in dem Augenblick bei den Hörnern zu packen, als er

zustoßen wollte. Ein Schauder ging über den Rücken des Tieres. Es war, als ob es einen Felsen gerammt hätte. Mit eisernem Griff zwang Herakles den riesigen Kopf zu Boden und hielt ihn in dieser Stellung fest. Der Stier versuchte vergebens, sich zu befreien. Er scharrte mit den Hufen und stieß sich mit den Hinterbeinen ab, um den Sohn des Zeus aus dem Gleichgewicht zu bringen, ja er gebärdete sich so wild, daß ihm Schaum vor das Maul trat. Dennoch konnte er nicht das geringste ausrichten. Schließlich versagten ihm die Kräfte, und er ergab sich seinem Gegner widerstandslos.

Herakles band ein Seil an die Hörner des Tieres. Als es wieder zu sich gekommen war, machte es keinen Versuch mehr, sich zu befreien oder den Heros anzugreifen. Der schreckliche Stier von Kreta hatte seinen Meister gefunden.

Herakles führte ihn zur Küste. Und die Aufgabe, die einst unlösbar schien, war nun ganz einfach geworden. Anstatt daß er den wilden Stier über das Meer transportierte, trug das Tier ihn hinüber, während er bequem auf seinem Rücken saß.

Als sie in Mykene ankamen, führte Herakles den Stier in den Stall des Königs und band ihn dort fest. Kaum hatte Eurystheus davon erfahren, als er hysterisch zu schreien begann, man solle das Untier schnellstens entfernen und es irgendwo im Gebirge, weit weg von Mykene und seinem Palast, aussetzen. So kam es, daß der König den schrecklichen Stier, der sicher in seinem Stall stand, aus übermäßiger Angst wieder freiließ. Es kümmerte ihn dabei wenig, ob das unberechenbare Tier den Menschen Unheil brachte oder nicht.

Sobald der Stier seine Freiheit wiederhatte, wurde er zum Schrecken des Peloponnes. Irgendwann zog er über die Landenge von Korinth nach Marathon, wo er ebenfalls das Land verwüstete. Der Stier von Marathon, wie man ihn inzwischen nannte, wurde später von Theseus, dem großen Athener Heros, getötet.

Die achte Arbeit: Die Rosse des Diomedes

Unmittelbar nach dessen Rückkehr von Kreta trug Eurystheus dem Heros die achte Arbeit auf. Auf Anraten von Hera schickte er ihn dieses Mal nach Thrakien, um die Rosse von König Diomedes zu holen.

Bei diesen Rossen handelte es sich um überaus gefährliche Tiere, die Diomedes in seinen Ställen hielt, wo er sie mit starken Ketten an die Futterkrippen gebunden hatte. Es hieß, daß sie bronzene Kiefern besaßen und nichts anderes außer Menschenfleisch zu sich nahmen.

Weit schrecklicher noch als seine Pferde war jedoch Diomedes selbst, der König der wilden Bistonen. Als Sohn des Kriegsgottes Ares lag ihm das Morden im Blut. Wenn er seine kriegslüsternen Männer in den Kampf führte, bedeutete das für alle im Umkreis nur Tod und Verderben.

Diesem König waren seine menschenfressenden Rosse die wichtigste Sache auf der Welt. Wenn er von den Feldzügen heimkehrte, warf er ihnen die Gefangenen zum Fraß vor. Doch auch so manchen ahnungslosen Fremden, der in dem Glauben nach Thrakien kam, daß dort die von Zeus bestimmten heiligen Gesetze der Gastfreundschaft galten, ereilte dieses Schicksal. Wer Diomedes einmal in die Hände fiel, kam nicht mit dem Leben davon. Die gräßlichen Tiere zerrissen jeden bei lebendigem Leibe.

Herakles machte sich nun auf den Weg zu den Bistonen. Er nahm einige Gefährten mit auf die Reise, die bereit waren, an seiner Seite zu kämpfen, falls dies nötig sein würde. Unter ihnen war auch Abderos, ein tapferer junger Mann aus Lokris.

Sie gelangten auf dem Seeweg nach Thrakien. Herakles hatte bald herausgefunden, wo sich die königlichen Ställe befanden, und während seine Gefährten die Wachen überwältigten und fesselten, band er schnell die Rosse los und packte sie fest am Zügel, um sie zum Schiff zu führen.

"Bleibt hier und haltet die Augen offen, bis ich die Tiere auf das Schiff gebracht habe", rief er seinen Gefährten zu. "Wenn ihr Diomedes kommen seht, dann schreit, so laut ihr könnt."

Abderos hielt sich nicht an diese Anweisungen, sondern lief dem Heros hinterher, weil er glaubte, daß dieser vielleicht Hilfe benötigte. Sie waren noch nicht weit gekommen, als sie die Gefährten schreien hörten:

"Diomedes! Diomedes kommt mit den Bistonen!"

Herakles blieb unentschlossen stehen, und der junge Mann erriet seine Gedanken.

"Du kannst die Tiere ruhig bei mir lassen", drängte er ihn.

... er packte sie fest am Zügel, um sie zum Schiff zu führen ...

Dem Heros war nicht wohl bei diesem Gedanken, doch es blieb ihm keine andere Wahl. Er gab Abderos die Zügel und lief zu den Ställen zurück. Von dort konnte er sehen, wie in der Ferne unzählige Bistonen anrückten, an deren Spitze Diomedes auf einem schwarzen Pferd ritt. Sie stießen wilde Kriegsschreie aus und schwenkten ihre langen Speere.

Herakles und seine Gefährten befanden sich in großer Gefahr, denn sie konnten es unmöglich mit so vielen Gegnern gleichzeitig aufnehmen. Der Heros fand jedoch einen Ausweg aus ihrer mißlichen Lage. Er hatte bemerkt, daß die Ebene, in der sich die Angreifer näherten, tiefer als der Meeresspiegel gelegen war. Wind und Wellen hatten an ihrem Rand einen natürlichen Deich geschaffen, der das Wasser zurückhielt.

"Kommt, laßt uns einen Kanal schneiden, dann wird die Ebene überflutet", rief Herakles seinen Gefährten zu und begann sofort mit der Arbeit.

Im Nu hatten sie einen schmalen Durchstich angelegt, der durch das einbrechende Meer schnell erweitert wurde. Ein reißender Strom setzte die ganze Ebene unter Wasser, und es entstand ein großer See, der Bistonis genannt wurde und noch heute existiert. Ein Großteil der Angreifer wurde von den schäumenden Fluten fortgerissen, die übrigen suchten ihr Heil in der Flucht. König Diomedes und sein Gefolge, die weit vorausgeritten waren, entkamen zwar den tosenden Wassermassen, allerdings war ihnen der Rückweg abgeschnitten, so daß sie einer Auseinandersetzung mit Herakles und seinen Gefährten nicht mehr ausweichen konnten.

Mit gehetztem Blick stellten sie sich zum Kampf, wilden Tieren gleich, die in eine Falle geraten sind. Kurze Zeit später war keiner von ihnen mehr am Leben, mit Ausnahme ihres Anführers, dem Herakles einen Schlag mit seiner Keule versetzt hatte, der ihn zwar aus dem Sattel riß, ihn jedoch nicht tötete. Der Heros fesselte Diomedes nur, und dafür gab es einen guten Grund. Der blutrünstige König mußte so bestraft werden, wie er es verdient hatte, deshalb warf er ihn später seinen eigenen Pferden zum Fraß vor.

Nun stand ihrer Abfahrt nichts mehr im Wege. Doch als Herakles und seine Gefährten zu der Stelle kamen, wo Abderos zurückgeblieben war, erwartete sie eine böse Überraschung. Die menschenfressenden Rosse hatten den Jüngling zerfleischt. Die Männer waren untröstlich, besonders Herakles machte sich heftige Vorwürfe.

“Ich bin schuld, ich hätte ihn mit diesen Ungeheuern nicht allein lassen sollen”, sagte er immer wieder, obwohl sie alle wußten, daß er keine andere Wahl gehabt hatte.

Der Heros bestand darauf, Abderos feierlich zu bestatten. Ihm zum Gedenken wurden auserwählte Tiere geopfert, ihm zu Ehren maßen die Männer ihre Kräfte im sportlichen Wettstreit. Damit sein Name niemals in Vergessenheit geriete, gründeten sie neben dem Grab die Stadt Abdera. Nachdem sie auf diese Weise alles getan hatten, was sie für ihren toten Gefährten noch tun konnten, brachten sie die Rosse auf das Schiff und traten die Heimreise an.

Sie hatten kaum im Hafen von Argos angelegt, als ihnen der Befehl des Königs übermittelt wurde, die Rosse des Diomedes nicht nach Mykene zu bringen, sondern sie freizulassen.

“Soll er mit ihnen machen, was er will”, hatte Eurystheus mit schriller Stimme geschrien, “solange sie nicht in die Nähe meines Palastes kommen.

Damit die Pferde niemandem mehr gefährlich werden konnten, zog Herakles mit ihnen zum Olymp. Dort setzte er sie an einem abgelegenen Berghang aus, und sie wurden schließlich von wilden Tieren zerrissen.

Die neunte Arbeit: Der Gürtel der Hippolyte

Als der Heros nach Mykene zurückkehrte, erwartete ihn schon der nächste Befehl des Königs. Eurystheus verlangte dieses Mal, daß er ihm den Gürtel der Amazonenkönigin Hippolyte bringen sollte.

Es war selbstverständlich wieder einmal Heras Idee gewesen, die es nicht weniger als Eurystheus selbst bedauerte, daß Herakles bisher alle Arbeiten erfolgreich bewältigt hatte. Als sie darüber nachdachte, wie sie dem Heros noch schwierigere Aufgaben stellen konnte, waren ihr die Amazonen in den Sinn gekommen. Sie wußte, daß es ein Leichtes wäre, Eurystheus' Tochter Admete, die Priesterin in ihrem Tempel war, auf den Gedanken zu bringen, daß sie den Gürtel der Hippolyte haben mußte, koste es, was es wolle. Bei der nächsten Gelegenheit erschien sie dem Mädchen im Heraion von Argos.

"Admete, Tochter des Eurystheus", sprach sie zu ihr, "Hippolyte, die legendäre Königin der Amazonen, trägt einen kostbaren Gürtel, den ihr der Kriegsgott Ares geschenkt hat. Dieser Gürtel ist ein Zeichen von Macht und Stärke. Er könnte dir gehören, du müßtest nur deinen Vater bitten, daß er Herakles befiehlt, ihn herbeizuschaffen."

Admete schmeichelte der Gedanke, einen solchen Gürtel tragen zu dürfen, und Eurystheus war natürlich hocherfreut über das Anliegen seiner Tochter. Ohne zu zögern, rief er Kopreus herbei und gab ihm folgenden Befehl:

"Richte Herakles aus, daß er uns den Gürtel der Hippolyte bringen soll." Tief im Innern wünschte er sich jedoch, daß der Heros niemals zurückkehren möge, auch wenn seine

Tochter den Gürtel dann nicht bekam.

Als Herakles die Worte des Herolds vernahm, wußte er sofort, wie schwierig sein Auftrag sein würde. Wie schon bei der letzten Arbeit wählte er auch dieses Mal den Seeweg, um zu den Amazonen zu gelangen, und schiffte sich binnen weniger Tage mit einer Gruppe Freiwilliger ein.

Die berühmtesten Heroen Griechenlands waren bereit, an Herakles' Seite ihr Leben zu wagen. Es begleiteten ihn sein Neffe Iolaos, Theseus von Athen, Telamon von Salamis, Peleus, der später Achill zeugte, und viele andere tapfere Männer.

Sie begannen die Reise mit günstigen Winden und machten einen ersten Zwischenhalt auf Paros, wo sie auch die erste Gefahr zu bestehen hatten.

Die Kykladeninsel wurde zu jener Zeit von Alkaios beherrscht, und der Zufall wollte es, daß der König an dem Tag, als Herakles nach Paros kam, auch drei Söhne von König Minos bei sich zu Gast hatte. Die jungen Männer waren von roher Natur, voller Überheblichkeit und mit Vorbehalten gegen Fremde behaftet, obwohl sie sich derzeit selbst in der Fremde befanden. Da auf dem Schiff das Trinkwasser ausgegangen war, schickte Herakles zwei seiner Gefährten mit Tongefäßen an Land. Kaum hatten sie das Schiff verlassen, wurden sie von den Söhnen des Minos hinterrücks überfallen und getötet. Diese Tat stand im Widerspruch zu allen heiligen Gesetzen der Gastfreundschaft, die dem Fremden, der Wasser oder Nahrungsmittel benötigt, Schutz gewähren.

Herakles, der vom Schiff aus beobachtet hatte, was geschehen war, sprang sofort voller Wut und Empörung an Land, gefolgt von den übrigen Gefährten. Die Söhne des Minos mußten ihr Vergehen mit dem Leben bezahlen. Inzwischen waren einheimische Krieger herbeigeeilt, die sich nun ebenfalls in den Kampf einmischten. Herakles schlug die Bewaffneten mühelos zurück und zwang sie, hinter ihren Stadtmauern Zuflucht zu suchen.

Als die Inselbewohner merkten, mit wem sie es zu tun hatten, bereuten sie ihre Voreiligkeit. Sie entsandten zwei Herolde auf die Zinnen, die in ihre Kriegstrompeten bliesen, bis Ruhe eingetreten war, und dann den Männern unter ihnen zuriefen:

“Herakles, Sohn des Amphitryon, unser König Alkaios wollte diesen Kampf nicht. Er war untröstlich, als er erfuhr, wer du bist, und er bedauert es sehr, daß die Söhne des Minos zwei deiner Gefährten getötet haben. Deshalb schlägt er dir jetzt vor, als Entschädigung zwei von unseren Männern mitzunehmen. Wähle jene aus, die du für die tapfersten hältst.”

Die Antwort des Heros kam für alle überraschend.

“Gebt mir König Alkaios und seinen Bruder Sthenelos”,

rief er. “Ich glaube, daß sie die tapfersten von allen sind.”

Totenstille verbreitete sich. Alle warteten voller Spannung, was als nächstes geschehen würde. Einige Minuten vergingen, dann wurde das große Stadttor aufgestoßen, und Alkaios und Sthenelos traten mit festem Schritt vor Herakles hin.

“Wir sind bereit, deine Befehle entgegenzunehmen”, sagten sie.

Anstatt ihnen Befehle zu erteilen, umarmte und küßte Herakles die beiden. Zwei junge, mutige Männer hatten den Platz der verlorenen Gefährten eingenommen. Das Schiff konnte binnen kurzem wieder in See stechen, um zum Land der Amazonen weiterzusegeln.

Nachdem es den Hellespont und den Bosporus hinter sich gelassen hatte und ins Schwarze Meer gelangt war, fuhr es immer an der Küste Kleinasiens entlang. Herakles und seine Gefährten machten in Mysien Halt, wo sie von König Lykos herzlich empfangen wurden. Im großen Saal des Palastes wurde eine reiche Tafel gedeckt. An der einen Seite saßen der König und die Fürsten des Landes, und ihnen gegenüber nahmen die Gäste Platz. Während sie nun aßen und tranken und gute Wünsche austauschten, kam mit einem Mal ein Krieger in den Saal gelaufen, dem man ansah, daß er einen weiten Weg zurückgelegt hatte. Er war schweißüberströmt und über und über mit Staub bedeckt.

"Lykos, König von Mysien", rief er, "die Bebryker sind ins Land eingefallen! Sie haben unseren Widerstand gebrochen und bewegen sich nun auf die Hauptstadt zu. Mit Morden, Plündern und Brandschatzen hinterlassen sie eine Spur des Grauens."

Alle sprangen von ihren Plätzen auf. Lykos sah besorgt seine Fürsten an, aus deren Gesichtern jegliche Farbe gewichen war.

"Wenn das unser Ende bedeutet, dann wollen wir kämpfend sterben!" rief er ihnen zu.

"Wehe uns, wir sind verloren", stammelten sie. "Was soll aus unseren Frauen und Kindern werden?"

"Nur Mut", tröstete sie Herakles. "Ihr seid nicht allein. Vorwärts Kameraden, laßt uns in den Kampf ziehen!"

Herakles und seine Gefährten liefen aus dem Palast, dem Feind entgegen. Kurze Zeit später griffen sie in den Kampf ein, womit sich die Situation grundlegend änderte. Die mysischen Krieger schöpften neuen Mut, als sie ihre starken Verbündeten sahen, bei den Bebrykern hingegen brach Verwirrung und Panik aus, so daß ihre Niederlage nur noch eine Frage der Zeit war. Der eroberungssüchtige fremde König verlor in dieser Schlacht sein Leben. Große Teile seines Landes fielen Mysien zu und wurden später von Lykos Herakleia genannt, der auf diese Weise seine Dankbarkeit zum Ausdruck bringen wollte.

Als es für Herakles und seine Gefährten Zeit wurde, ihre Reise fortzusetzen, gab ihnen König Lykos so viele Vorräte mit auf den Weg, wie ihr Schiff nur fassen konnte. Eine große Menschenmenge war zum Hafen gekommen. Die Bewohner Mysiens verabschiedeten sich von ihren Rettern, als ob es Götter wären.

Das Schiff hielt sich weiterhin dicht an der Küste Kleinasiens, bis es nach langer Fahrt die Mündung des Thermodon erreichte. Als es in den Flußlauf einbog, konnten der Heros und seine Gefährten in der Ferne schon Themiskyra erkennen, die Hauptstadt des Amazonenreiches.

Herakles lehnte an der Bordkante, und sein Blick ruhte auf der Stadt, die allmählich vor ihm Gestalt annahm.

Er hatte schon viel von den Amazonen gehört.

Es hieß, daß die ersten Vertreterinnen dieses kämpferischen Volkes Töchter des Kriegsgottes Ares waren. Sie hatten die Kunst der Kriegsführung von ihrem Vater gelernt und gaben dieses Wissen an ihre Kinder, oder besser gesagt an ihre Töchter, weiter. Die Männer besorgten die Hausarbeit, während die Frauen ihre Zeit damit verbrachten, sich auf schnellfüßigen Pferden im Kampf mit dem Schwert, dem Speer oder dem Bogen zu üben. Ihr Heldenmut hatte die Amazonen in der ganzen Welt berühmt gemacht, und es gab kein Heer, das es mit ihnen hätte aufnehmen können. Sie unternahmen Feldzüge durch ganz Kleinasien und in den Kaukasus, stießen bis Syrien, Thrakien und zu den ägäischen Inseln vor, ja es hieß sogar, daß sie Libyen erreichten. Viele bedeutende Städte jener Zeit, wie zum Beispiel Ephesos, Smyrna, Kyrene, Myrine, Sinope, waren Gründungen der Amazonen, und ihre Bewohner rühmten sich dieser Tatsache voller Stolz.

Als Herakles die Amazonen besuchte, lebten die kriegerischen Frauen am Thermodon. Sie bildeten drei Stämme, und von ihren drei Städten war Themiskyra die Hauptstadt. Hippolyte herrschte über alle Amazonen, während die anderen beiden Niederlassungen von Melanippe und Antiope regiert wurden.

Unterdessen hatte das Schiff Themiskyra erreicht. Viele Amazonen waren ans Ufer gekommen, teils zu Fuß, teils auf dem Rücken ihrer Pferde. Allem Anschein nach hatte die Ankunft der Fremden ihre Neugier erregt, aber aus ihren Blikken sprach auch eine leise Besorgnis.

Herakles war es unbehaglich zumute, denn sein Auftrag gefiel ihm ganz und gar nicht. Er wollte nicht gegen die Amazonen kämpfen, um ihnen etwas zu rauben, was ihnen, oder vielmehr ihrer Königin, voll und ganz zustand.

“Ich muß Hippolyte überzeugen, daß sie mir den Gürtel

freiwillig gibt", dachte er. "Hoffentlich gelingt es mir genauso gut wie bei Artemis, die mir ihre Hindin überließ, damit ich sie Eurystheus bringen konnte."

Sie warfen den Anker aus, und Herakles sprang als erster vom Schiff. Hippolyte war unter den Frauen am Ufer, das wußte er. Auch die Amazonenkönigin hatte den kräftigen Fremden erkannt, denn Herakles war durch seine Taten in der ganzen Welt berühmt geworden. Sie bezeugte ihm ihre Hochachtung dadurch, daß sie vom Pferd stieg und ihn begrüßte.

Als Hippolyte vor ihm stand, konnte Herakles sein Erstaunen nur mühsam verbergen. Unter ihrer sonnengebräunten Haut traten die Muskeln hervor, Schenkel und Oberarme waren so kräftig, wie man es auch bei einem Mann nur selten fand. Die anderen Amazonen waren ebenso gebaut. Die Männer musterten sie mit verwunderten Blicken.

Herakles fand keine Worte, deshalb hob er nur seine Hand zum Gruß.

Hippolyte tat es ihm gleich und sprach ihn dann an:

"Herakles, Sohn der Alkmene, sag uns, ob du mit friedlichen Absichten zu uns gekommen bist. Wenn dies zutrifft, so heißen wir dich willkommen, anderenfalls sind wir auch zum Kampf bereit."

"Ich will nicht gegen euch kämpfen", entgegnete der Heros, “ja, ich bin nicht einmal aus eigenem Antrieb hier. Die Götter haben beschlossen, daß ich zwölf Arbeiten verrichten soll, die Eurystheus, der König von Mykene, für mich aussucht. Er ist ein feiger, nichtswürdiger Mensch, der mich bis auf den Tod haßt. Dieser König war es, der mich zu euch geschickt hat, damit ich ihm deinen Gürtel bringe.”

Hippolyte war nicht wenig überrascht, als sie dies hörte. Eine Bewegung ging durch die Menge, dann folgte Totenstille. Alle warteten, wie die Königin reagieren würde.

Doch anstatt zu antworten, fragte sie nur:

“Eurystheus hat dir diesen Auftrag gegeben, weil er glaubte, daß du dabei ums Leben kommst, nicht wahr?”

“Das habe ich nicht gesagt”, erwiderte Herakles, “doch du magst damit nicht unrecht haben.”

“Herakles, ich gebe dir meinen Gürtel. Du kannst ihn Eurystheus bringen.” Mit diesen Worten begann Hippolyte, den Gürtel zu lösen.

Das war der Moment, wo Hera eingriff und Hippolyte daran hinderte, ihren Entschluß auszuführen. Sie nahm die Gestalt einer Amazone an und mischte sich unter die Menge. Als die Königin Herakles den Gürtel hinstreckte, rief sie:

“Nein! Wir dürfen den Gürtel nicht hergeben. Dieser Fremde ist gekommen, um unsere Königin zu rauben. Er muß sterben!”

Hippolyte zog ihre Hand zurück. Aus den Reihen der Amazonen waren jetzt Kriegsrufe zu hören. Bogen wurden gespannt, ein Pfeil zischte durch die Luft. Die furchtlose Aella hatte direkt auf Herakles gezielt, dessen Rettung auch dieses Mal das Fell des Löwen von Nemea war. Der Pfeil prallte ab, ohne den Heros zu verletzen, doch nun ließ sich eine Auseinandersetzung nicht mehr vermeiden. Der Sohn des Zeus war schrecklich anzusehen in seinem Zorn. Er stürmte auf die tollkühne Amazone los, die zum ersten Mal in ihrem Leben vor einem Feind die Flucht ergriff. So behend sie auch davonlief, Herakles' Pfeil holte sie ein und setzte ihrem Leben ein Ende. Währenddessen hatte die uner-

schrockene Prothoe drei Männer gleichzeitig angegriffen und sie auf der Stelle getötet. Ihr blieb jedoch keine Zeit, ihren Triumph auszukosten, denn schon im nächsten Augenblick versetzte ihr der Heros den Todesstoß. Inzwischen war er von sieben Amazonen umzingelt worden, die ihn mit ihren Speeren bedrohten. Er schwang seine Keule nach links und rechts und erschlug sie alle. Etwas abseits kämpften Theseus, Telamon, Alkaios und Sthenelos. Auch sie fügten den Amazonen große Verluste zu, und gemeinsam schlugen sie schließlich die kriegerischen Frauen, die bisher noch niemand besiegt hatte, in die Flucht. Zuvor war es ihnen noch geglückt, zwei Gefangene zu machen, Herakles hatte Melanippe überwältigt und Theseus Antiope. Die Amazonen gaben sich geschlagen. Sie kamen zögernd zurück, um den Heros um Frieden zu bitten.

Hippolyte ging vor ihren Frauen. Sie war so betroffen, daß sie kein Wort hervorbringen konnte.

Und dann stellte Herakles seine Bedingungen:

"Wenn du mir den Gürtel gibst, lasse ich Melanippe frei. Dazu habe ich das Recht, denn sie ist meine Gefangene. Für Antiope kann ich nichts tun. Sie gehört Theseus, und er wird sie nach Athen mitnehmen."

Hippolyte akzeptierte das. Herakles nahm den Gürtel und gab Melanippe frei, Antiope dagegen wurde auf das Schiff gebracht.

Theseus konnte es nicht fassen, daß der Heros Melanippe, die schön wie eine Göttin war, nicht für sich behalten wollte. Er setzte zum Sprechen an, doch Herakles wußte schon, was er sagen wollte, und schnitt ihm das Wort ab.

"Nein, Theseus. Ich muß ein schreckliches Verbrechen büßen. Es reicht nicht allein, daß ich die Arbeiten, die mir die Götter auferlegt haben, zu einem Ende bringe. Ich darf auch keinen Augenblick vergessen, weshalb ich das alles tue. Nur so werden mir meine unschuldig dahingemordeten Kinder irgendwann verzeihen können."

Ohne sich noch länger aufzuhalten, gingen die Männer an

... Als sie jedoch in die Hafeneinfahrt kamen, bot sich ihnen ein unglaubliches Bild ...

Bord ihres Schiffes und traten die Heimreise an.

Unterwegs waren sie genötigt, in Troja anzulegen, das in jener Zeit von König Laomedon regiert wurde. Als sie jedoch in die Hafeneinfahrt kamen, bot sich ihnen ein unglaubliches Bild. Ein wunderschönes Mädchen war auf einem Felsen knapp über der Gischt angebunden. Weshalb, das sollten sie bald erfahren.

Vor langer Zeit hatte Zeus Apollon und Poseidon den Auftrag gegeben, die Mauern Trojas zu errichten. Der Göttervater wollte damit Laomedon helfen, der hoch in seiner Gunst stand, obwohl er diese Ehre eigentlich nicht verdient hatte.

Die beiden Götter gehorchten nur widerstrebend, denn sie hatten schon viel von der Hartherzigkeit und Undankbarkeit des Königs gehört. Um ihn auf die Probe zu stellen, traten sie nicht als Unsterbliche, sondern als Menschen vor ihn hin und boten ihm an, für ein Entgelt von hundert Rindern Mauern um die Stadt zu bauen, die kein Heer jemals erstürmen könnte.

Laomedon war mit diesem Handel einverstanden, doch als die Götter die Arbeit beendet hatten und ihren Lohn forderten, weigerte er sich, ihnen das Vieh zu geben.

“Geht mir aus den Augen”, schrie er sie an, “sonst lasse ich euch an Händen und Füßen fesseln und als Sklaven verkaufen.”

“Jetzt hat uns der König sein wahres Gesicht gezeigt”, stellten die beiden Götter fest, als sie wieder unter sich waren. “Wir hätten gar nicht erst für ihn arbeiten sollen.” Und sie beschlossen, ihn hart zu strafen.

Apollon ließ die Pest in der Stadt ausbrechen, und Poseidon brachte ein Seeungeheuer an die trojanische Küste, das jeden verschlang, der sich dem Meer auch nur näherte.

Von diesem Tag an lebten die Trojaner in Angst und Schrecken, bis sie sich irgendwann verzweifelt an das Orakel wandten und es fragten, wie ihre Lage zu ändern sei.

Die Antwort der weissagenden Priesterin lautete, daß sie weiteres Unheil abwenden könnten, wenn sie dem Ungeheuer Laomedons Tochter Hesione auslieferten.

Nun war Hesione das einzige Wesen auf der Welt, das der König liebte, und er wollte sie auf keinen Fall hergeben. Um die Stadt zu retten, befahl er deshalb, an ihrer Statt drei Mädchen aus dem Volk an die Küste zu bringen.

Natürlich war niemand bereit, eine derart ungerechte Entscheidung zu akzeptieren. Die Einwohner Trojas versteckten ihre Töchter, damit ihnen dieses grausame Schicksal erspart blieb.

Ein armer Mann namens Phoinodamas war dabei nicht geschickt genug vorgegangen. Seine drei Töchter wurden von Laomedon entdeckt, und der König versuchte, sie ihrem Vater mit Gewalt fortzunehmen. Phoinodamas verteidigte die Mädchen mit dem Mut der Verzweiflung, und da sich niemand fand, der dem hartherzigen Herrscher geholfen hätte, mußte dieser sein Vorhaben bald wieder aufgeben.

Schließlich beschloß man, das Los entscheiden zu lassen. Wiederum traf es Laomedon, denn von allen Mädchen der Stadt wurde seine Tochter ausgelost. Nun waren ihm die Hände gebunden, und er mußte mit ansehen, wie man Hesione an den Felsen kettete, wo sie dem Seeungeheuer hilflos ausgeliefert war. Kurz darauf traf Herakles in Troja ein und erblickte die Königstochter in ihrer verzweifelten Lage.

Nachdem er die ganze Geschichte erfahren hatte, bot sich der Heros an, das Ungeheuer zu töten. Um festzustellen, ob Laomedon dieses Mal sein Wort halten würde, stellte er ihm allerdings eine Bedingung.

“Gelingt es mir, euch aus dieser großen Not zu retten”, sagte er zum König, “so mußt du mir die Pferde geben, die vor deinen Wagen gespannt sind.”

Es handelte sich um zwei herrliche schneeweiße Hengste, die Laomedon von Zeus bekommen hatte.

Der König war wohl damit einverstanden, doch schüttelte er resigniert den Kopf. Kein Mensch in Troja glaubte daran, daß jemand in der Lage sei, es mit dem Ungeheuer aufzunehmen. Doch was niemand erwartet hatte, geschah. Herakles tötete das gräßliche Wesen, und Telamon eilte zu der schönen Hesione, um sie aus ihrer mißlichen Lage zu befreien und behutsam an Land zu führen.

Laomedons Undankbarkeit ging tatsächlich so weit, daß er sich auch dieses Mal weigerte, den versprochenen Lohn zu zahlen.

Herakles, der darüber in großen Zorn geriet, versuchte, sich zu beherrschen.

"Das wird dir noch teuer zu stehen kommen", stieß er zwischen den Zähnen hervor. "Im Moment habe ich an anderes zu denken, doch glaube nicht, daß ich vergessen werde, was du getan hast. Wehe dir, wenn ich mit einem Heer zurückkomme!" Herakles rief seine Gefährten zusammen, und sie gingen zum Schiff.

Nach diesem Vorfall war die Stimmung an Bord gedrückt. Nur einer der Männer machte ein glückliches Gesicht. Telamon war bis über beide Ohren verliebt, keinen Blick hatte er mehr von Hesione wenden können. Deshalb freute er sich, als er Herakles sagen hörte, daß er mit einem Heer zurückkommen wolle. Er würde als erster wieder mit dabei sein.

Nach Troja machten sie noch einmal auf Thasos Zwischenhalt. Diese Insel war von einem wilden Volksstamm aus Thrakien erobert worden, der die Bevölkerung tyrannisierte. Herakles zog gegen die Eindringlinge zu Feld und verjagte sie.

Anschließend überließ er die Insel Alkaios und Sthenelos als gerechten Lohn dafür, daß sie so tapfer an seiner Seite gekämpft hatten.

Sie setzten erneut die Segel und erreichten Mykene nun ohne weitere Zwischenfälle. Im Hafen trennten sie sich. Mit dem Gürtel in der Hand ging Herakles zum Königspalast, während sich die anderen Männer auf den Weg in ihre Heimat machten.

Obwohl der großspurige Herrscher von Mykene dem Heros ausdrücklich verboten hatte, zu ihm zu kommen, betrat dieser den Palast, ohne erst lange um Erlaubnis zu fragen. Es fand sich auch niemand, der es gewagt hätte, ihn aufzuhalten. Vor dem großen Saal angelangt, stieß er die Türen auf und ging mit festem Schritt auf den Thron zu.

Admete war die erste, die ihn bemerkte. Als sie sah, was er in der Hand hielt, entfuhr ihr ein Freudenschrei. Ihr Vater teilte allerdings die Begeisterung seiner Tochter nicht im geringsten, es fehlte nicht viel, und er wäre ohnmächtig vom Thron gefallen. So viel Zeit war seit der Abreise des Heros vergangen, daß er inzwischen felsenfest überzeugt war, ihn niemals wiederzusehen. Vor Angst und Wut am ganzen Körper zitternd, schrie er:

“Raus! Raus!”

Bevor Herakles überhaupt reagieren konnte, lief er selbst

durch eine kleine Seitentür aus dem Saal. Der König versteckte sich in den Kellerräumen des Palastes, und nachdem er sich etwas beruhigt hatte, begann er darüber nachzudenken, was er Herakles als nächstes befehlen könnte.

Mit Heras Hilfe kam er bald zu einem Entschluß.

Die zehnte Arbeit: Die Rinder des Geryones

Ans Ende der Welt würde er ihn schicken, zur Insel Erytheia, die sich jenseits des großen Ozeans befand. Dort weideten die Rinder des Riesen Geryones, die Herakles nach Mykene bringen sollte.

Keine der bisherigen Arbeiten hatte so viele Gefahren geborgen wie diese, nie zuvor waren größere Hindernisse zu überwinden gewesen. Eurystheus wußte das und war nunmehr völlig beruhigt, daß Herakles nie wieder zurückkehren würde.

Geryones, der Sohn des Chrysaor, war ein schrecklicher Riese, der drei aus seiner Hüfte wachsende Oberkörper besaß und somit auch drei Köpfe und sechs Arme hatte. Die Rüstungen von drei Kriegern leisteten ihm Schutz, außerdem trug er drei Helme und drei Schilde, die selbst der spitzeste Speer nicht durchbohren konnte.

Dieser Geryones besaß nun eine Rinderherde, wie es sie

kein zweites Mal auf Erden gab. Die purpurroten Tiere trugen ihre edlen breitstirnigen Häupter stolz erhoben, und sie hatten schöne grazile Fesseln.

Ein anderer Riese, Eurytion mit Namen, hütete die Herde. Er hatte den gefürchteten Wachhund Orthros zur Seite, bei dem es sich um einen Bruder des Kerberos handelte, jenes schrecklichen Höllenhundes, der die Tore zur Unterwelt bewachte. Orthros besaß zwei Häupter mit Mäulern voller spitzer Zähne, und sein Schwanz endete in einem Drachenkopf.

Geryones verfügte über eine gewaltige Stimme. Es hieß, daß er so laut schreien konnte, wie der Kriegsgott Ares es einst tat, als er im Trojanischen Krieg verwundet wurde. Es klang, als ob zehntausend Krieger gleichzeitig die Stimme erhöben.

Bei Gewitter ging der Riese ins Freie und brüllte, so laut er konnte, gegen den tosenden Sturm an. Es bereitete ihm unsägliches Vergnügen, wenn seine Stimme sogar den Donner des Zeus übertönte.

Zu anderen Zeiten wiederum, wenn draußen alles ruhig war, erklomm er einen Felsen über dem Meer und schrie aus voller Lunge:

"Wer die besten Rinder der Welt haben will, der soll nur kommen und mit mir kämpfen. Besiegt er mich, so sind sie sein."

Die Worte des Riesen waren auch an der Küste jenseits des Ozeans zu hören. Und wenn sich dann ein unerschrockener Recke fand, der die Herausforderung annahm, weil er hoffte, Geryones zu besiegen und die herrlichen Tiere in seinen Besitz zu bringen, so war der Kampf schnell entschieden. Der Riese konnte jeden Gegner mühelos töten, und das bereitete ihm große Genugtuung.

Herakles hatte es also mit einem furchtbaren Widersacher zu tun, doch das war bei weitem nicht die einzige Schwierigkeit seiner Aufgabe, wie man bald sehen wird.

Der Heros machte sich dieses Mal allein auf die weite, gefahrvolle Reise. Er durchquerte Italien, Südfrankreich und ganz Spanien, bis er zu der Stelle gelangte, wo sich heute Gibraltar befindet. Räuber, wilde Tiere und Ungeheuer waren ihm unterwegs begegnet, und er hatte sie allesamt getötet. Es machte ihn froh, wenn er daran dachte, daß die Menschen von nun an unbehelligt durch diese Gebiete reisen konnten.

Zu jener Zeit existierte die Straße von Gibraltar noch nicht, es gab also keine Verbindung zwischen Mittelmeer und Ozean. Herakles beschloß, einen Schiffahrtskanal anzulegen, und er setzte dieses Vorhaben sogleich in die Tat um. Wer heute durch die Straße von Gibraltar fährt, bemerkt zu beiden Seiten der Meerenge hohe Felsen. Es heißt, daß der Heros bei seiner Arbeit das Material, das er wegräumte, an den Ufern auftürmte, damit die Seefahrer die Durchfahrt schon von weitem erkennen konnten. Diese Felsen wurden Säulen des Herakles genannt.

Als der Heros sein Werk vollendet hatte, rann ihm der Schweiß in Strömen über den Körper, denn die Sonne hatte den ganzen Tag unbarmherzig auf ihn herabgestrahlt. Herakles war so zornig auf Helios, daß er seinen Bogen spannte und den Gott des Tages damit bedrohte. Dieser hatte die Fahrt über den Himmel beendet und wollte soeben in seine goldene Fähre steigen, um auf dem Ozeanstrom, der rund um die Welt floß, heimzufahren.

“Setz deinen Bogen ab, Herakles”, sagte der Sonnengott, und in seiner Stimme lag kein Ärger, sondern Bewunderung für die Kühnheit des Heros.

“Sag mir, wohin du willst”, fuhr er freundlich fort, “und ich werde dir helfen, so gut ich kann.”

“Ich bin auf dem Weg zur Insel Erytheia”, antwortete Herakles, “denn ich soll Eurystheus die Rinder des Geryones bringen. So haben es die Götter befohlen.”

“Und wie willst du den Ozean überqueren?” fragte Helios erstaunt.

“Wenn du mir deine Fähre gibst, beantwortet sich diese

Frage von selbst", erwiderte Herakles.

Helios, der über die kluge Antwort des Heros schmunzeln mußte, gab ihm bereitwillig die Fähre.

"Du darfst dich nur nicht verspäten", mahnte er. "Ich habe eine lange Fahrt vor mir und muß morgen früh rechtzeitig im Osten sein."

"Ich komme zurück, so schnell ich kann,", entgegnete Herakles und sprang auf die goldene Fähre des Sonnengottes, die ihn rasch nach Erytheia brachte. In einer Bucht der Insel band er sie an einen Felsen und stieg an Land. Er hatte kaum zwei Schritte getan, als hinter ihm wildes Gebell zu hören war.

Das zweiköpfige Ungeheuer Orthros bleckte seine Zähne und ging auf den Fremden los. Herakles drehte sich um, doch bevor er noch reagieren konnte, hatte ihn Orthros schon angesprungen. Wäre nicht das Löwenfell gewesen, die spitzen Zähne des Hundes hätten ihm zweifellos tiefe Wunden gerissen. Es gelang dem Heros, die Fassung zu bewahren, er hob die Keule, und in dem Moment, als ihn das scheußliche Untier zum zweiten Mal angriff, ließ er sie mit aller Kraft niedersausen, so daß Orthros auf der Stelle tot war.

Die erste Gefahr war somit gebannt, doch wenige Minuten später kam der Hirte Eurytion herbeigelaufen. Er war doppelt so groß wie Herakles und verfügte über immense Kräfte. Als der Riese seinen Wachhund am Boden liegen sah, packte er einen gewaltigen Felsbrocken, um ihn auf den Heros zu schleudern. Hätte Herakles auch nur den Bruchteil einer Sekunde gezögert, er wäre verloren gewesen. Geistesgegenwärtig griff er nach seinem Bogen und schoß Eurytion einen Pfeil in die Brust. Der Riese sank zu Boden und der Felsen, den er schon in die Höhe gestemmt hatte, begrub ihn unter sich.

Herakles begann nun hastig, die Rinder auf die Fähre zu treiben. Geryones war bisher nicht erschienen, und er hatte keinen Grund, lange nach ihm Ausschau zu halten. Ein anderer Hirte aber, der die Herden des Gottes der Unterwelt in der Nähe weidete, hatte alles mit angesehen, und er hatte nichts Eiligeres zu tun, als Geryones von dem Geschehenen zu unterrichten. Der Riese kam wutentbrannt herbeigelaufen, um den Eindringling zu bestrafen, der ihm das Vieh stehlen wollte, ohne vorher mit ihm zu kämpfen.

Als Herakles den Eigentümer der Rinder bemerkte, blieb er wie angewurzelt stehen. In einer seiner sechs Hände trug der Riese ein Schwert, in zwei anderen jeweils einen Speer und in den übrigen drei feste Schilde. Wenn Geryones lief, schlugen die Teile seiner Rüstungen aneinander, und es hörte sich an, als ob ein ganzes Heer in den Kampf stürmte. Sobald er näher gekommen war, stieß er Kriegsschreie aus, daß

... Herakles nutzte die Gelegenheit und schlug mit der Keule zu ...

es schien, als ob der Himmel einstürzen wollte. Allein schon sein Anblick war gräßlich genug, um den tapfersten Krieger in die Flucht zu schlagen, ganz zu schweigen von dem ohrenbetäubenden Lärm, den er verursachte.

Niemand hätte sagen können, daß sich Herakles in diesem Moment nicht fürchtete. Er löste sich aber recht schnell aus seiner Erstarrung, spannte beherzt den Bogen, zielte und schoß. Und das war der Anfang vom Ende des schrecklichen Geryones. Ein Kopf und ein Leib sanken leblos zur Seite, ein Speer und ein Schild fielen zu Boden. Geryones versuchte nun, Herakles mit dem anderen Speer zu treffen, wurde dabei allerdings von seinen toten Gliedmaßen behindert. So fehlte seinem Angriff die nötige Kraft, und der Wurf fiel zu kurz aus. Herakles nutzte die Gelegenheit und schlug mit der Keule zu, einmal auf den ersten Kopf und einmal auf den zweiten, mehr war nicht nötig. Geryones stürzte zu Boden, seine Rüstungen und Waffen schlugen scheppernd auf.

Es war ein Sieg, wie ihn sich Herakles selbst in seinen kühnsten Träumen nicht erhofft hätte. Er dankte Athene, die, wie er wußte, stets an seiner Seite war. Dann trieb er die Rinder auf die Fähre und segelte mit ihnen über den Ozean. Auf der anderen Seite gab er dem Sonnengott sein goldenes Gefährt mit vielen Worten des Dankes zurück und machte sich auf die lange Heimreise.

Er hatte Spanien schon glücklich durchquert und befand sich in Südfrankreich, als ihm zwei Räuber die Herde stahlen. Herakles holte sie ein und tötete sie, dann setzte er seinen Weg fort. Er war noch nicht weit gekommen, da wurde er von einem ganzen Heer angegriffen. Es stand unter dem Befehl von König Ligys von Ligurien, dem Bruder der beiden Übeltäter, der ihren Tod rächen und die kostbaren Rinder erbeuten wollte. Herakles fand sich in einem denkbar ungleichen Kampf wieder, denn er stand allein einer großen Zahl von Kriegern gegenüber. Dazu kam noch, daß er bald alle Pfeile verbraucht hatte und nun praktisch unbewaffnet war. Kein einziger Stein lag in Reichweite, den er hätte als Wurfgeschoß benutzen können, überall gab es nur weiches Erdreich. Noch niemals hatte sich Herakles in einer so aussichtslosen Lage befunden. Er blutete bereits aus zahlreichen Wunden und lief jeden Augenblick Gefahr, tödlich getroffen zu werden. Dennoch verlor er nicht den Mut.

"Vater Zeus!" rief er. "Ich habe dich noch nie um Hilfe gebeten, doch jetzt brauche ich deinen Beistand wie nie zuvor. Hilf mir, mit diesen Feinden fertig zu werden!"

Der mächtige Zeus, der seinen Sohn sehr liebte, überschattete die Erde mit einer Wolke, aus der er es Steine regnen ließ. Mit diesen gelang es Herakles, die Ligurer in die Flucht zu treiben und sich und die Rinder zu retten. Tatsächlich gibt es zwischen Marseille und der Mündung der Rhône eine Landschaft, die an Herakles' Kampf erinnert. Sie wird die "steinige Ebene" genannt, weil sie mit Steinen von der Größe einer Mannesfaust übersät ist.

Nach diesem Zwischenfall zog der Heros ostwärts weiter und gelangte schließlich nach Italien. An der Stelle, wo später Rom erbaut wurde, stahl ihm ein ungeschlachter feuerspeiender Riese namens Kakos acht Rinder. Damit der Heros die Fährte der Tiere nicht verfolgen konnte, zog er sie rückwärts an ihren Schwänzen in eine Höhle.

Nach langem vergeblichen Suchen fand Herakles das Versteck, als eines der Rinder hungrig muhte. Kakos hatte den Höhleneingang mit riesigen Felsbrocken versperrt, die der Heros unmöglich von der Stelle bewegen konnte. Es gelang ihm jedoch, einen Felsen aus der Decke der Höhle zu entfernen, wodurch er sie freilegte. Im selben Moment tauchte Kakos aus der Öffnung auf. Nachdem sich Herakles von seinem ersten Schrecken erholt hatte, griff er das baumlange Ungetüm an, das versuchte, ihn mit seiner Glut zu verbrennen. Mit einem fürchterlichen Schwertstreich brachte der Heros die Flammen zum Erlöschen. Er hatte Kakos eine klaffende Wunde am Hals zugefügt, die den Riesen an seinem eigenen Blut ersticken ließ. Herakles führte das gestohlene Vieh zur Herde zurück und zog weiter. Doch der Weg nach

Mykene war noch lang.

Im Süden Italiens brach plötzlich ein Stier aus der Herde aus. Das Tier stürzte sich ins Meer und schwamm nach Sizilien hinüber. Es wäre dem Heros unmöglich gewesen, es wieder einzufangen, wenn nicht plötzlich der Gott Hephaistos vor ihm erschienen wäre und ihm angeboten hätte, die Herde bis zu seiner Rückkehr zu bewachen.

Herakles machte sich also auf die Suche nach dem verlorenen Stier und entdeckte ihn schließlich in der Herde von König Eryx. Als er das Tier zurückforderte, erklärte der König von Sizilien, daß er es nur hergeben würde, wenn ihn der Heros im Ringkampf besiegte. Das war bisher noch nie jemandem gelungen, und Eryx glaubte, auf diese Weise den Stier behalten zu können.

Herakles nahm die Herausforderung an. Nach einem kurzen Kampf warf er den König zu Boden. Dieser wollte jedoch seine Niederlage nicht eingestehen und weigerte sich weiterhin hartnäckig, den Stier herauszugeben. Herakles rang erneut mit ihm und bezwang ihn ein zweites Mal, doch Eryx erkannte auch diesen Sieg nicht an. Als er den Heros zu einem dritten Kampf aufforderte, wurde ihm das zum Verhängnis, denn er verlor dabei sein Leben. Herakles nahm sich sein Eigentum zurück und setzte seinen Weg fort.

Viele Abenteuer mußte der Heros noch bestehen, doch irgendwann kehrte er mit der Herde nach Griechenland zurück. Mykene war nicht mehr weit, und es schien, als ob er es endlich geschafft hätte. Kurz vor seinem Ziel sandte Hera eine giftige Stechfliege, die nicht von den Rindern abließ, bis sie vor Schmerz brüllten und in alle Windrichtungen auseinanderliefen. Herakles jagte unermüdlich hinter ihnen her und geriet bei dieser Hatz bis an die Berge Thrakiens und den Hellespont. Nach unsäglichen Anstrengungen gelang es ihm schließlich, die Herde wieder zu vereinen. Unverdrossen machte er sich erneut auf den Heimweg. Als er jedoch den Fluß Strymon erreichte, stellte er fest, daß dieser Hochwasser führte, was ihn für die Rinder unpassierbar machte. Herakles zürnte dem Flußgott und warf so viele Steine in das Gewässer, daß der Strymon von diesem Zeitpunkt an für die Schiffahrt nicht mehr geeignet war.

Der Fluß war das letzte Hindernis auf dem Weg nach Mykene. Es lag freilich noch eine weite Strecke vor ihm, doch nach all den Schwierigkeiten und Gefahren schreckte ihn jetzt die Entfernung nicht mehr. Frischen Mutes trat er den langen Fußmarsch an, um diese schreckliche Reise endlich zu einem Ende zu bringen.

Eurystheus war untröstlich, als ihm Herakles die herrlichen Tiere brachte. Der Anblick dieser Rinder setzte ihm so sehr zu, daß er ihn schließlich nicht mehr ertragen konnte und beschloß, die Tiere Hera zu opfern. Er hatte den Heros bis ans Ende der Welt geschickt, ihn den größten Gefahren ausgesetzt und mit den scheußlichsten Ungeheuern kämpfen lassen, und doch war Herakles siegreich zurückgekehrt - das war mehr, als der König fassen konnte. Was sollte er ihm jetzt befehlen? Gab es überhaupt noch schwierigere Aufgaben?

Die elfte Arbeit: Die Äpfel der Hesperiden

"Ja!" war Heras Antwort. "Wir werden ihm auftragen, drei goldene Äpfel von dem Baum zu holen, den mir die Erdgöttin zur Hochzeit geschenkt hat. Soll er nur in die Welt ziehen, diesen Apfelbaum kann er doch nicht finden. Er wird rastlos umherirren und Gefahren begegnen, die er unmöglich bestehen kann. Selbst wenn er in Erfahrung brächte, wo ich den Baum versteckt halte, würde ihm das nicht viel nützen. Wer immer sich ihm nähert, muß seine Verwegenheit mit dem Leben bezahlen, denn er wird von dem stets wachsamen Drachen Ladon bewacht, dem einzigen Ungeheuer auf Erden, das niemand besiegen kann, weil es unsterblich ist. Wohlauf Herakles! Durch diese Tat könntest du wahrhaftig großen Ruhm erwerben, doch mach dir keine Hoffnungen, sie ist nicht durchführbar."

“Wohlauf Herakles!” echote Eurystheus. “Jetzt werden wir sehen, wer von uns beiden mehr wert ist.” Er sprach in dreistem, befehlendem Tonfall, doch das hatte seinen guten Grund. Herakles war nicht anwesend, um ihn zu hören.

Tatsächlich machte sich der Heros dieses Mal auf den Weg, ohne zu wissen wohin. Wen immer er fragte, niemand konnte ihm auch nur den geringsten Anhaltspunkt geben. Auf gut Glück wandte er sich nach Thessalien, wo er von Kyknos, dem blutrünstigen Sohn des Kriegsgottes, angegriffen wurde. Er tötete ihn und erwies damit den Bewohnern des Gebietes, die bis zu diesem Zeitpunkt in ständiger Angst gelebt hatten, einen unschätzbaren Dienst. Obendrein verletzte er auch Ares selbst, der seinem Sohn zu Hilfe geeilt war.

Nach diesen Ereignissen zog Herakles weiter, durchquerte ganz Illyrien und gelangte schließlich nach Norditalien. Am Ufer des Po traf er einige Flußnymphen, denen er die Frage nach Heras Apfelbaum stellte, wie er es auf seiner Reise nun schon unzählige Male getan hatte. Die Nymphen wußten natürlich auch nicht, wo sich dieser Baum befand, denn die Göttin hielt seinen Standort vor den Göttern und Menschen geheim. Sie konnten ihm aber auf andere Weise weiterhelfen.

“Der einzige, der etwas darüber weiß, ist der Meeresgreis Nereus”, sagten sie, “denn er ist ein großer Seher.”

“Wird er mir aber verraten, wo der Apfelbaum steht?” fragte der Heros.

“Niemals”, entgegneten die Nymphen.

“Was nützt es mir dann?”

“Wir haben dir geholfen, so gut wir konnten, mehr wissen wir auch nicht”, war die Antwort.

Die Schwierigkeit bestand also darin, dem Meeresgreis sein Geheimnis zu entlocken.

“Könnt ihr mir zumindest sagen, wo ich Nereus finde?” fragte Herakles die Nymphen.

“Selbstverständlich”, erwiderten sie. “Folge nur immer dem Fluß. An seiner Mündung wirst du auf die Höhle stoßen, in der der große Seher lebt. Was hast du vor?”

“Ich werde mit dem Greis kämpfen und ihn zwingen, mir alles zu sagen”, entgegnete der Heros.

“Kämpfe mit ihm, soviel du willst”, spotteten die Nymphen, “du kannst ihn doch nicht besiegen.”

“Ich habe die gräßlichsten Ungeheuer auf Erden getötet, da werde ich wohl mit einem altersschwachen Greis fertig werden!” beharrte Herakles.

“Wenn es so einfach wäre, dem Alten das Geheimnis zu entlocken, dann hätte Hera es ihm gar nicht erst anvertraut”, erwiderten die Nymphen. “Er ist der einzige, den sie eingeweiht hat. Sobald du ihn anpackst, wird sich Nereus in eine

Schlange verwandeln und deinen Händen entgleiten. Fängst du die Schlange, verwandelt sie sich in einen Vogel und fliegt dir davon. Nehmen wir an, dir gelingt es, auch den Vogel zu fangen, dann wird er plötzlich zu Wasser und versickert im Erdboden, oder er entweicht dir als Lufthauch. Versuch es also gar nicht erst, Herakles, es ist verlorene Mühe, mit Nereus zu kämpfen. Du wirst niemals erfahren, wo der Baum mit den goldenen Äpfeln steht."

Niedergeschlagen machte sich der Heros auf die Suche nach der beschriebenen Höhle. Er hatte zwar kaum Hoffnungen, etwas auszurichten, doch er mußte es zumindest versuchen. Als er eintrat, sah er, daß Nereus schlief.

"Das ist die Lösung", flüsterte Herakles und hob ein Seil vom Boden auf. Damit begann er, den Greis zu fesseln, zunächst vorsichtig, um ihn nicht zu wecken, dann fester und fester, bis der Alte die Augen aufschlug.

Er wollte aufstehen, doch er konnte sich nicht einmal rühren. Als er an sich herabsah, stellte er fest, daß er am ganzen Körper gefesselt war.

"Was ist geschehen", rief Nereus. "Wer bist du?"

"Ich bin Herakles und möchte von dir wissen, wo sich der Baum mit den goldenen Äpfeln befindet, den die Erdgöttin Hera zu ihrer Hochzeit bekommen hat."

"Das wirst du niemals von mir erfahren."

... “Das ist die Lösung”, flüsterte Herakles und hob ein Seil vom Boden auf. Damit begann er, den Greis zu fesseln ...

“Dann werde ich dich niemals befreien.”

Nereus war so fest gebunden, daß er nicht einmal den kleinsten Finger rühren konnte. In dieser Lage hatte er nicht die Kraft, eine andere Gestalt anzunehmen. Vergebens versuchte er, sich zu verwandeln oder seine Fesseln abzustreifen, es war beides gleichermaßen unmöglich. Der Greis geriet außer sich vor Zorn, nach einer Weile aber nahm sein Gesicht einen nachdenklichen Ausdruck an.

“Was wolltest du von mir wissen?” fragte er schließlich.

“Ich will wissen, wo der Baum mit den goldenen Äpfeln steht”, wiederholte Herakles.

“Frag mich, was immer du willst, und ich werde dir treulich Rede und Antwort stehen”, versprach Nereus, “doch in dieser Angelegenheit kann ich dir keine Auskunft geben.”

“Dann bleibst du bis zum Ende aller Zeiten gefesselt”, erwiderte der Heros. “Ich werde den Höhleneingang mit Felsbrocken verschließen und dich hier einsperren.” Und er schickte sich an, einen Felsen vor den Eingang zu rollen.

Dem Greis blieb keine Wahl. Er sah, daß es Herakles ernst war, und beschloß zu sprechen.

“Der Baum, den du suchst”, begann er, “steht am Ende der Welt. Dort befindet sich der Garten der Hesperiden, dort trägt Atlas, der Bruder des Prometheus, das Himmelsgewölbe auf seinen Schultern.”

“Endlich!” rief Herakles. “Nun weiß ich, wohin ich gehen muß!”

“Und was willst du dort?” fragte Nereus.

“Drei goldene Äpfel pflücken, so wie es mir die Götter befohlen haben.”

“Aber das ist unmöglich.”

“Unmöglich?”

“Ja, unmöglich”, sagte der Meeresgreis. “Der Apfelbaum wird von Ladon bewacht, einem schrecklichen Drachen mit hundert Köpfen. Ihn kannst du nicht im Schlaf überraschen, wie du es mit mir gemacht hast, denn seine Köpfe legen sich niemals gleichzeitig zur Ruhe. Fünfzig von ihnen sind immer hoch aufgerichtet und halten mit weit geöffneten Augen Wache, damit kein Fremder jemals den Garten der Hesperiden betritt. Du kannst also auf keinen Fall ungesehen in die Nähe des Baumes gelangen. Solltest du es dennoch wagen, dann wäre das dein Ende. Glaube mir, Ladon ist ungemein stark und nicht zu besiegen. Doch selbst wenn dir die Götter noch einmal so viel Kraft schenken würden, wie du jetzt schon besitzt, könntest du nichts gegen ihn ausrichten, denn zu alledem ist der Drache auch noch unsterblich.”

Nach dieser Rede verstummte Nereus. Bekümmert löste Herakles seine Fesseln. Er hatte nun freilich erfahren, wo der Apfelbaum stand, doch war es ihm ein Rätsel, wie er an die Früchte gelangen sollte, da sie von einem so fürchterlichen Ungeheuer bewacht wurden. Der Heros wußte nicht, was er tun sollte, und zum ersten Mal verspürte er kein Verlangen danach, den Weg einzuschlagen, den ihm seine Pflicht wies. Verzweifelt lenkte er seine Schritte bald hierhin, bald dorthin, bis er endlich die schroffen Berghänge des Kaukasus erreichte.

Wie er so durch das karge, ungastliche Gebirge streifte, drang plötzlich ein gequältes Stöhnen an sein Ohr, das von weither zu kommen schien. Herakles blieb stehen und lauschte aufmerksam. Offensichtlich litt jemand große Schmerzen und benötigte Hilfe. Wenige Sekunden später hörte er zu seiner Verwunderung Frauenstimmen, die ihn beim Namen riefen.

Der Heros lief in die Richtung, aus der die Stimmen gekommen waren, und erklomm einen hohen Felsen, um sich umzusehen. Von seinem Standort aus erblickte er eine Gruppe von Frauen, die flehend die Hände nach ihm ausstreckten. Herakles kannte sie, es waren die Okeaniden, die Töchter des greisen Titanen Okeanos. Er verließ den Felsen und ging auf die Frauen zu, doch schon nach wenigen Metern prallte er zurück, denn es bot sich ihm ein furchtbarer Anblick. Der Titan Prometheus, der beste Freund der Menschheit, hing dort, in Ketten geschmiedet, an einer Felswand. Er mußte unendliche Qualen ausstehen, schrecklicher als sie je ein Gott oder Mensch erfahren hatte. Während Herakles die Szene noch mit Entsetzen betrachtete, stieß ein riesiger Adler aus den Wolken herab, um die Brust des standhaften Titanen zu zerfleischen.

Wie Herakles den Adler tötete und Prometheus' Ketten zerbrach, darüber haben wir in einem anderen Band dieser Reihe berichtet. Es war die größte und edelste Tat seines Lebens.

Für unsere Geschichte ist jedoch etwas anderes von Belang. Nachdem der Heros den Titanen befreit hatte, verabschiedete er sich von ihm und Prometheus fragte ihn, wohin er ziehe.

"Ach, erinnere mich nicht daran", antwortete Herakles. "Mein ganzes Leben besteht nur aus Mühsal und Leid. Bisher habe ich niemals die Hoffnung aufgegeben, doch jetzt bin ich nahe daran."

Er erzählte Prometheus, was ihn bedrückte, und sagte dann bitter:

"Ich sehe schon, letztlich werde ich mit Ladon kämpfen müssen, mag geschehen, was will."

"Höre, was ich dir zu sagen habe, Herakles", entgegnete der Titan. "Ich bin ein Seher und weiß viele Dinge unter der Sonne. Nereus hatte recht, den Drachen, der den Apfelbaum im Garten der Hesperiden bewacht, kannst du nicht besiegen, denn er ist unsterblich. Laß dich also auf keinen Fall auf einen Kampf mit ihm ein, es würde dich das Leben kosten. Jetzt sag mir aber etwas anderes, könntest du das Himmelsgewölbe auf deine Schultern nehmen? Es ist gewiß kein leichtes Unterfangen, bisher gab es außer Atlas niemanden, der dazu in der Lage gewesen wäre."

"Wenn es sein muß, werde ich die nötige Kraft aufbringen", sagte der Heros entschlossen.

"Dann nimm den Himmel auf deine Schultern und schikke Atlas in den Garten, damit er die Äpfel holt" fuhr Prometheus fort. "Der Drache kennt ihn und wird ihm nichts tun. Nur sei auf der Hut! Atlas ist listig, ich kenne ihn gut, denn er ist mein Bruder. Du mußt aufpassen, daß er dich nicht für immer dort stehen läßt."

Die Worte des Titanen erfüllten Herakles mit Zuversicht, und seine Miene hellte sich auf. Es lag freilich noch ein langer Weg vor ihm, mußte er doch von einem Ende der Welt ans andere gelangen, aber das schreckte ihn nicht mehr. Frohen Mutes zog er westwärts. Er wußte jetzt nicht nur, wohin ihn seine Reise führen würde, sondern auch, was er tun mußte, wenn er am Ziel war.

Unterwegs hatte Herakles so manche Gefahr zu bestehen.

Es war in Ägypten, als er sich erschöpft unter einem Baum

zum Schlafen niederlegte. Plötzlich erschienen Bewaffnete, fesselten ihn und brachten ihn zu König Busiris, der das Land regierte.

Busiris maß den Heros mit einem Blick von Kopf bis Fuß und gab dann Befehl, ihn noch fester zu binden. Als dies geschehen war, sagte er:

"Morgen werden wir dich auf dem Altar des Zeus Ammon opfern."

"Warum?" fragte Herakles erstaunt.

"Bringt ihn fort!" war das einzige, was der König von Ägypten darauf entgegnete.

Den Grund für seine Festnahme erfuhr Herakles in der Nacht von den Wächtern.

Vor neun Jahren war eine große Dürre über das Land gekommen. Auf dem ausgetrockneten Boden konnte nichts mehr gedeihen, und dem Volk drohte der Hungertod. Nun trug es sich zu, daß zu jener Zeit ein Seher aus Zypern in Ägypten weilte, den man Phrasios nannte. Busiris rief ihn zu sich und fragte ihn, ob er einen Ausweg aus der Not wüßte.

"Ihr müßt Zeus Ammon jedes Jahr einen Fremden opfern", war die Antwort.

Phrasios hatte kaum ausgeredet, als der König schon seinen Männern zurief:

"Ergreift den Seher! Er wird der erste Fremde sein, den

wir Zeus Ammon opfern."

Der arme Phrasios konnte anderen die Zukunft voraussagen, doch wenn es um ihn selbst ging, versagte diese Fähigkeit. Dabei hätte ein Fünkchen gesunden Menschenverstandes ausgereicht, um ihn zu retten.

So wurde Phrasios das Opfer seines eigenen Rates. Von jenem Zeitpunkt an opferte man jedes Jahr einen Fremden, und dieses Mal schien es nun Herakles getroffen zu haben.

Am nächsten Morgen wurde der Heros, gefesselt wie er war, vor den Altar des Zeus geschleppt, wo die Opferzeremonie stattfand. Eine große Menschenmenge hatte sich versammelt, Krieger, Priester, Prinzen und Prinzessinnen. Auf einem hohen Thron saß Busiris selbst. Dumpfe Trommelschläge untermalten die Szene, mit feierlichem Ernst wurden Hymnen gesungen.

Doch man hatte alle Vorbereitungen umsonst getroffen. Im entscheidenden Augenblick, als nämlich der große Priester würdevoll das Messer hob, um zuzustechen, sprengte Herakles mit einem Ruck seine Fesseln. Wutentbrannt ballte er die Fäuste und erschlug nacheinander den Priester, Busiris und dessen Sohn. Alle Anwesenden erschraken zu Tode und ergriffen die Flucht. Niemand, nicht einmal die Krieger, brachte den Mut auf, diesem unglaublich starken Fremden die Stirn zu bieten. Der Platz leerte sich allmählich, bis der

Heros schließlich allein zurückblieb. Sein Zorn war inzwischen verraucht, und er setzte seine Reise zum Land der Hesperiden fort.

Wie er nun weiter in Richtung Westen zog, jenen Regionen entgegen, wo am Abend prächtig die Sonne unterging, kam er nach Libyen. Dort traf er einen schrecklichen Riesen namens Antaios. Er war ein Sohn der Erdgöttin, die all ihre Kinder gleichermaßen liebte, also auch dieses, obwohl es von bösartiger Natur war. Antaios verfügte über gewaltige Kräfte. Er zwang jeden Fremden, solange mit ihm zu ringen, bis der andere völlig erschöpft war und er ihn töten konnte. Seine besorgte Mutter half ihm insgeheim bei diesen Ringkämpfen. Immer wenn Antaios die Erde berührte, gab sie ihm neue Kraft, und so kam es, daß der Riese niemals müde wurde und stets die Oberhand behielt, egal wie lange der Kampf auch dauerte.

Antaios forderte auch Herakles zu einem Kampf auf Leben und Tod heraus. Der Heros wußte nicht, daß die Stärke seines Gegners von der Erde kam, er rang unter Aufbietung all seiner Kräfte mit dem Riesen, ohne etwas gegen ihn ausrichten zu können. Viele Male warf er ihn zu Boden, doch es schien, als ob er damit alles schlimmer machte. Kaum lag Antaios mit dem Rücken im Staub, stieß er Herakles wieder heftig von sich. Zunächst konnte der Heros nicht verstehen, wie sein Gegner, immer wenn er ihn besiegt glaubte, auf unerklärliche Weise an Kraft gewann und es fertigbrachte, sich zu befreien. Doch dann fiel es ihm plötzlich wie Schuppen von den Augen. Antaios war der Sohn von Mutter Erde! So war es nicht verwunderlich, daß sie ihm half und ihn bei jeder Berührung stärker werden ließ. Entschlossen packte Herakles den Riesen und hob ihn hoch in die Luft, so daß er den Boden nicht mehr erreichte. Bei seinen verzweifelten Versuchen, sich zu befreien, ermüdete Antaios schnell, und das war sein Ende.

Tausende von Jahren sind seit jener Zeit vergangen, und doch ist diese Geschichte nicht in Vergessenheit geraten. Deshalb sagen wir heute, daß derjenige, der mit beiden Beinen fest auf dem Boden steht und die Zuneigung anderer Menschen genießt, stark und unbesiegbar ist. Wer hingegen nirgends Rückhalt hat, ist zum Untergang verurteilt.

Nach seinem Sieg über Antaios zog Herakles weiter nach Westen, bis er schließlich ans Ende der Welt kam. Dort trug der Titan Atlas schon seit vielen Jahrhunderten die schwere Last des Himmelsgewölbes auf den Schultern. Seine einzige Gesellschaft waren die Hesperiden, die Töchter des Abendsterns und der Nacht. In ihrem Garten, der sich in unmittelbarer Nähe befand, stand auch Heras Apfelbaum mit den goldenen Früchten.

... Entschlossen packte Herakles den Riesen und hob ihn hoch in die Luft, so daß er den Boden nicht mehr erreichte ...

Atlas erstaunte es nicht wenig, als er Herakles erblickte, denn bisher war noch nie jemand in diese entlegenen Gefilde vorgedrungen. Nachdem er ihn willkommen geheißen hatte, fragte er deshalb sofort, weshalb der Heros eine so weite Reise auf sich genommen hatte.

"Ich bin hier, um drei goldene Äpfel aus dem Garten der Hesperiden zu holen und sie Eurystheus zu bringen", antwortete Herakles.

"Wie willst du das bewerkstelligen?" fragte Atlas. "Weißt du nicht, von wem dieser Apfelbaum bewacht wird?"

"Ich weiß es wohl. Deshalb bin ich ja zu dir gekommen."

"Und was kann ich tun?" fragte der Titan verständnislos. "Ich würde dir die Äpfel von Herzen gern holen, schon ein einziger Augenblick ohne diese Last auf meinen Schultern wäre eine Wohltat. Es gibt jedoch niemanden, weder Gott noch Menschen, der meinen Platz einnehmen könnte."

"Ich kann es."

"Wenn du das tun würdest, müßte ich dir für immer dankbar sein. Es geht aber nicht. Stürzt der Himmel ein, dann wäre das das Ende der Welt."

"Ich habe dir doch gesagt, ich kann ihn halten."

"Du sprichst mit so großer Sicherheit, daß ich beinahe anfange, dir zu glauben. Also gut, laß es uns versuchen."

Eine Sekunde später stand Herakles an der Seite des Tita-

... "Weißt du, Herakles", begann er, "ich werde Eurystheus die Äpfel bringen."...

nen und preßte Arme und Schultern gegen den Himmel. Atlas lockerte ein wenig seine Haltung. Der Heros konzentrierte sich ganz auf seinen Körper. Er spannte Arme und Beine an, die Muskeln traten hervor und wurden hart wie Stein. Ein wenig schwankte er noch, dann stand er unerschütterlich wie ein Fels. Atlas fühlte seine Last leichter werden, er bückte sich und war frei. Fassungslos sah er, daß Herakles das Himmelsgewölbe hielt. Es war unglaublich!

Nach unendlich langer Zeit konnte der Titan zum ersten Mal wieder aufatmen. Er fühlte sich leicht wie eine Feder und lief mit glücklichem Gesicht zum Garten der Hesperiden. Es dauerte nicht lange, bis er wieder da war. Drei goldene Äpfel funkelten in seinen Händen. Jetzt zeigte er allerdings keine besondere Eile mehr, den Himmel wieder auf seine Schultern zu nehmen, denn er hatte sich unterwegs einen Plan zurechtgelegt.

"Weißt du, Herakles", begann er, "ich werde Eurystheus die Äpfel bringen. Sei unbesorgt, ich werde mich unterwegs nicht aufhalten, und sobald ich zurück bin, nehme ich meinen Platz wieder ein." Ohne eine Antwort abzuwarten, kehrte er dem Heros den Rücken, um seinen Vorsatz in die Tat umzusetzen.

Da kam Herakles Prometheus' Warnung in den Sinn, und es wurde ihm klar, daß er für immer das Himmelsgewölbe tragen mußte, wenn es ihm jetzt nicht gelang, den Titanen zurückzuhalten. Der List des anderen mußte er mit doppelter Schlauheit begegnen.

"Geh nur", erwiderte er deshalb, "ich trage den Himmel gern. Ich fürchte nur, daß ich mir die Schultern wundreibe, deshalb nimm mir die Last nur für einen Moment ab, damit ich mir ein Kissen unterlegen kann."

Nichtsahnend legte Atlas die Äpfel auf den Boden und nahm den Himmel wieder auf seine Schultern. Genau das hatte Herakles bezweckt. Er hob die goldenen Früchte auf und wandte sich zum Gehen, so daß der Titan mit seiner Last für alle Ewigkeiten allein blieb.

Voller Freude darüber, daß er die Äpfel der Hesperiden in seinen Händen hielt, machte sich Herakles auf den Heimweg. Die Reise nach Griechenland, die ihm unter anderen Umständen endlos erschienen wäre, verging nun wie im Fluge. Der Heros ließ Berge und Täler, Wüsten und Wälder, Flüsse und Meere hinter sich und fand sich irgendwann vor den Toren Mykenes wieder. Er konnte es selbst kaum glauben, daß er es geschafft hatte.

"Ich muß Eurystheus die Äpfel eigenhändig übergeben, selbst wenn er noch so laut schreit", beschloß Herakles und betrat den Palast, ohne jemanden um Erlaubnis zu fragen. Mit den goldenen Äpfeln der Hesperiden in den Händen trat er vor den Königsthron.

Eurystheus verschlug es die Sprache.

“Ich will sie nicht! Ich will sie nicht!” kreischte er. “Nimm die Äpfel und verschwinde auf der Stelle!”

“Ich weiß, daß dir nichts an den Äpfeln liegt”, erwiderte Herakles. “Du hast dir etwas anderes von dieser Arbeit erhofft, wie auch schon all die Male vorher. Ich bin nur neugierig, wohin du mich jetzt noch schicken wirst.”

Eurystheus war vor Entsetzen fahl geworden. Er wollte etwas entgegnen, brachte jedoch kein Wort heraus. Erst als der Heros den Saal verlassen hatte und die Diener hinter ihm die Tür schlossen, erwachte der König aus seiner Erstarrung. Er lief zum Eingang und schob noch einen Riegel vor.

“In die Unterwelt werde ich dich schicken!” schrie er. “Du sollst dorthin gehen, von wo noch nie jemand zurückgekehrt ist!”

Eurystheus hatte die Worte ohne Bedacht gesprochen, doch mit einem Mal funkelten seine Augen vor Bosheit und Haß.

“Jetzt hab’ ich’s!” rief er erregt. “Ins Reich der Toten werde ich ihn schicken. Ich will ihm befehlen, Kerberos heraufzuholen, den schrecklichen Hund, der die Tore des Hades bewacht.”

Die einzige Arbeit, die sich Eurystheus selbst ausgedacht

hatte, war auch die teuflischste von allen. Nachdem es ihm zum elften Mal mißlungen war, Herakles in das Reich der Schatten zu schicken, wollte er es ihm jetzt direkt befehlen. “Dieses Mal muß er gehen, ob er will oder nicht”, frohlockte er insgeheim.

Während dem König diese Gedanken durch den Kopf gingen, begab sich Herakles nach Athen, um Athene die goldenen Äpfel zu geben. Die Göttin brachte die Früchte in den Garten der Hesperiden zurück, denn das war der Platz, wo sie hingehörten. Sie waren Heras Eigentum, und es wäre gegen das Gesetz gewesen, sie irgendwo anders aufzubewahren.

Die zwölfte Arbeit: Kerberos

Als der Heros nach Mykene zurückkehrte, wurde er schon erwartet. Kopreus ließ ihn sofort rufen, um ihm den neuen Befehl seines Herrn zu übermitteln, der da lautete, daß er in den Hades hinabsteigen und den Hund Kerberos auf die Erde bringen sollte.

Herakles war nicht übermäßig erstaunt, als er hörte, was sich der niederträchtige König als letzte Arbeit für ihn ausgedacht hatte. In der Tat war dies die sicherste Methode, ihn für immer aus dem Weg zu schaffen.

Kerberos war ebenfalls ein Sohn von Typhon und Echidna, was bedeutete, daß der Löwe von Nemea, die Hydra von Lerna, Orthros, Ladon und viele andere Ungeheuer seine Geschwister waren. Er besaß drei Köpfe, die über und über mit Schlangen bedeckt waren, und sein Schwanz endete in einem Drachenkopf. Der Hund war unsterblich, seit ewigen Zeiten hütete er die Tore des Hades und wachte darüber, daß keiner der Schatten aus der Unterwelt auf die Erde zurückkehrte. Sobald sich ein Toter dem Tor auch nur näherte, zerriß er ihn sofort in Stücke und verschlang ihn.

Herakles warf sich das Löwenfell über und machte sich mit Bogen und Keule auf den Weg.

Es war an sich schon undenkbar, daß es jemandem gelang, lebend in den Hades hinabzusteigen, doch von dort mit Kerberos zurückzukehren, das überstieg die Grenzen des menschlichen Fassungsvermögens. Als Zeus erfuhr, wohin Herakles dieses Mal zog, erschrak er sehr. Er konnte jedoch nichts weiter tun, als seinem Sohn Hermes und Athene als Führer mit auf den Weg zu geben.

In einer Höhle des Taygetos-Gebirges stiegen die drei tief in die Erde hinab und gelangten nach einem vielstündigen Marsch über unwegsame unterirdische Pfade an die heiligen Gewässer des Styx.

Dort trafen sie Charon, der mit seinem Kahn die Seelen

über den Fluß brachte. Der Fährmann der Toten wollte keinen Lebenden übersetzen, doch als es ihm von den beiden Göttern befohlen wurde, blieb ihm keine andere Wahl.

Als sie am jenseitigen Ufer angelangt waren, erschien Kerberos, der frisches Menschenfleisch gewittert hatte. Obwohl es ihn eigentlich nicht kümmerte, wer in die Unterwelt hineinkam, begann er zu knurren und die Zähne zu fletschen, sobald er die riesige, bewaffnete Gestalt des Heros erblickte. Er fiel ihn jedoch nicht an, und auch Herakles ließ den Hund vorerst unbehelligt. Athene hatte ihm geraten, zunächst Pluton, den König der Unterwelt, um Erlaubnis zu fragen, ob er den Hund mitnehmen könne, da er anderenfalls auf unüberwindliche Schwierigkeiten stoßen würde.

Dann traten sie durch das Tor des Hades.

Athene und Hermes kannten Plutons Reich so gut, daß sie der Anblick, der sich ihnen bot, nicht sonderlich berührte. Herakles aber war kein Gott, ihm wurde trotz allem Heldenmutes höchst beklommen zumute, als er die Unterwelt finster und unermeßlich vor sich sah. Statt eines Himmels wölbten sich schwarze Felsen über dem Hades, und von allen Seiten war Schluchzen und Stöhnen zu hören. Diese Geräusche schwollen, vom Echo vervielfacht, zu einem grauenvollen Getöse an, das den ganzen Ort erfüllte.

Nach einigen Schritten war der Heros für die Toten sichtbar geworden. Sie erschraken vor der riesigen Gestalt und entwichen. Nur die furchtbare Medusa, das geflügelte Meerungeheuer, das anstatt des Haares Schlangen auf dem Kopf trug, floh nicht vor ihm, sondern schlug drohend mit den Flügeln. Die Schlangen entblößten die Zähne, und die Medusa blickte Herakles mit ihren schrecklichen Augen an. Der Heros wußte nur zu gut, daß ein Blick des Ungeheuers genügte, um ihn zu Stein werden zu lassen, deshalb hob er drohend seine Keule.

"Leg die Keule beiseite, Herakles", sagte Hermes zu ihm. "Die tote Medusa ist nur ein Schatten ihrer selbst, sie kann dir nichts mehr anhaben."

Doch es gab noch einen Toten, der nicht vor ihm floh. Der Heros Meleager, der eine funkelnde Kriegsrüstung trug, lief mit dem Schwert in der Hand auf Herakles zu, sobald er ihn erblickte.

Wie Herakles den bewaffneten Mann herbeistürmen sah, glaubte er nicht anders, als daß Hera jemanden geschickt hätte, um ihn zu töten, und spannte sofort seinen Bogen. In diesem Moment wurde es Meleager bewußt, daß er bedrohlich wirkte, und weil er nichts weniger wollte, als dem Heros zu schaden, steckte er sein Schwert in die Scheide und sprach:

"Es wäre mir niemals in den Sinn gekommen, dir Böses zu tun. Doch selbst wenn ich das wollte, brauchtest du dich nicht zu fürchten, weil ein Toter einem Lebenden nichts anhaben kann. Auch du kannst nichts gegen mich ausrichten, denn niemand kann zweimal sterben. Ach Herakles, wenn du wüßtest, was mir zugestoßen ist. Größeres Leid kann einem Menschen nicht widerfahren."

Mit diesen Worten setzte er sich und schilderte dem Heros sein tragisches Geschick. Daß er eine Mutter hatte, die ihn liebte, wie noch nie eine Mutter ihr Kind geliebt hat. Und doch war diese Mutter an seinem Tod schuld. Er erzählte auch, wie er im Kampf von Apollon getötet wurde, dem göttlichen Bogenschützen, dessen Pfeile niemals ihr Ziel verfehlten. Nur die Hand eines Gottes war dazu imstande gewesen, ihn in den Hades zu schicken, denn einen besseren Krieger als Meleager hat es auf Erden nie gegeben.

Herakles, der noch nie eine so traurige Geschichte gehört hatte, war zu Tränen gerührt.

"Am meisten quält mich jetzt", fuhr Meleager fort, "daß ich meine Schwester Deianeira schutzlos in unserem Vaterhaus zurücklassen mußte. Sie ist schön wie eine Göttin, doch ich habe Angst, daß sie an schlechte Menschen gerät. Beschütze sie, Herakles, ich wäre überglücklich, wenn du sie zu deiner Frau machen würdest."

"Sei unbesorgt, Meleager", erwiderte der Heros. "Es wird alles zu ihrem Besten geschehen. Du mußt dich um deine

Schwester nicht mehr grämen."

Nach zahlreichen anderen unerwarteten Begegnungen im Reich der Toten stand Herakles schließlich vor Pluton.

Der König der Unterwelt ließ sich seine Überraschung nicht anmerken und fragte ihn ungehalten, wie er es wagen konnte, lebend und obendrein noch bewaffnet vor ihm zu erscheinen. Seine Gemahlin Persephone, die neben ihm stand, schaute den Heros mit großer Anteilnahme an, schließlich war er ihr Bruder, denn auch sie war eine Tochter des Zeus.

"Mächtiger Herrscher des Hades", begann Herakles, "ich bin nicht aus freiem Willen hier. Eurystheus hat mich geschickt, dem die Götter das Recht zubilligten, mir nach Belieben Befehle zu erteilen. Ich muß ihm blind gehorchen, denn ich habe eine große Schuld zu büßen. Dieser boshafte König stellt mir nun die unglaublichsten Aufgaben und hat dabei nur mein Verderben im Sinn, denn er zittert schon bei dem bloßen Gedanken an meine Existenz. Bisher ist es ihm nicht gelungen, mich zu töten, und das ist auch der Grund, weshalb er mich jetzt in dein finsteres Reich gesandt hat. Angeblich will er Kerberos mit eigenen Augen sehen, ich möchte aber nicht wissen, was er anstellt, falls dies wirklich geschehen sollte. Was mich betrifft, so habe ich keine andere Wahl. Ich muß Kerberos nach Mykene bringen."

Pluton wurde nachdenklich. Wie konnte er zulassen, daß

der Wächter der Unterwelt auf die Erde gebracht wurde. Das war noch nie dagewesen. Als er jedoch Persephones flehenden Blick bemerkte, sagte er nach kurzem Zögern:

"Gut, ich habe nichts dagegen. Du darfst ihn aber nur dann mitnehmen, wenn es dir gelingt, ihn zu bändigen, ohne daß du deine Waffen benutzt."

Er sollte Kerberos unbewaffnet gegenübertreten! Das bedeutete, daß er Gefahr lief, für immer im finsteren Hades zu bleiben. Dennoch war Herakles erleichtert. Immerhin hatte Pluton sein Einverständnis gegeben, wenn auch unter harten Bedingungen. "Ich werde es schaffen", sagte der Heros entschlossen und wandte sich zum Gehen.

Der König der Unterwelt schüttelte den Kopf, und es schien, als ob er Mitleid mit ihm hätte. Persephone rannen zwei Tränen über die Wangen, die sie wohlweislich vor ihrem Mann verbarg, denn für die Königin der Toten ziemte es sich nicht zu weinen.

Herakles ging geradewegs auf das Tor der Unterwelt zu. Sobald er Kerberos gewahr wurde, legte er Keule und Bogen beiseite und bedeckte seinen Körper sorgfältig mit dem Löwenfell. Ein weiteres Mal sollte es ihm jetzt von Nutzen sein, sehr zum Mißfallen von Hera, die es inzwischen längst bereute, daß sie ihn gegen den Löwen von Nemea ausgesandt hatte.

Als Kerberos bemerkte, daß sich Herakles dem Tor der Unterwelt näherte, stürzte er sich auf ihn, um ihn in Stücke zu reißen. Wenn er ihn in den Hades hineingelassen hatte, bedeutete das noch lange nicht, daß er ihn auch wieder herauslassen würde. Seine spitzen Zähne konnten allerdings gegen das Löwenfell nicht das geringste ausrichten. Herakles fand bald eine Gelegenheit, den Hund an der Kehle zu pakken, dort, wo die drei Köpfe entsprangen, und er begann, ihn mit festem Griff zu würgen. Kerberos versuchte vergeblich, sich zu befreien. Er biß den Heros mit dem Schwanz ins Bein, doch dieser ließ ihn trotz des Schmerzes nicht los. Schließlich hielt der Hund die schreckliche Umklammerung nicht mehr aus und gab den Kampf auf.

Herakles band dem Tier eine starke Kette um den Hals, und damit war der fürchterliche Kerberos bezwungen. Er winselte nur noch flehentlich und neigte seine Köpfe zu Boden.

Um wieder ans Tageslicht zu gelangen, wählte der Heros dieses Mal einen Weg, der ihn durch die elysischen Gefilde führte. Dieser Ort hatte nichts mit dem finsteren Hades gemein, hier hielten sich jene Toten auf, die durch ihre guten Taten die Gunst der Götter gewonnen hatten.

Dann folgte er dem Flußlauf des Acheron. Er ging endlos lange durch eine gewundene Höhle, bis er in der Nähe von

... Herakles band dem Tier eine starke Kette um den Hals ...

Troizen wieder auf die Erde kam.

Kaum hatte er Kerberos ins Freie gezogen, gebärdete sich der Hund wie toll. Die Schlangen an seinen Köpfen zischten auf gräßlichste Weise, giftiger Schaum troff von seinen Lefzen, und die Augen sprühten Funken, so wie sie von einem Schleifstein stieben, wenn ein Messer geschärft wird. Das Tier zerrte mit lautem Bellen an der Kette, die zu zerreißen drohte, und setzte alles daran, um in die dunkle Höhle zurückzukehren, denn das Licht des Tages bereitete ihm unerträgliche Pein.

Sobald es jedoch sah, daß Herakles Anstalten machte, es abermals am Hals zu packen, senkte es die Köpfe. Es wurde ihm klar, daß jeder Widerstand nutzlos war, daher fügte es sich in sein Schicksal und folgte seinem Bezwinger.

Bis Mykene war es nun nicht mehr weit. Freude beflügelte Herakles' Schritte, und ehe er sich's versah, stand er vor den Toren des Palastes. Die letzte Arbeit war vollbracht! Die Wachen brachten sich schleunigst in Sicherheit, als sie sahen, was für ein Ungeheuer der Heros bei sich hatte. Es gab niemanden, der es gewagt hätte, ihn aufzuhalten. "Er wird Kerberos zu Gesicht bekommen, ob er nun will oder nicht", dachte Herakles, als er in den großen Hof trat. Und da stand der König auch schon vor ihm.

Mit einem Schrei des Entsetzens begrüßte der feige Wicht

den großen Heros, der von seiner letzten Arbeit zurückgekehrt war, der schwierigsten von allen. Er sprang mit einem Satz in eines der Vorratsgefäße, es war dasselbe, in dem er schon vor dem Eber von Erymanthos Zuflucht gesucht hatte. Nur daß er dieses Mal auch den Deckel über seinem Kopf schloß und es nicht mehr wagte, ihn wieder anzuheben. Drei Tage lang blieb der König in seinem unbequemen Versteck.

Herakles lachte spöttisch, als er Eurystheus wie einen Hasen beiseite springen sah, und er lachte so laut, daß man es auch außerhalb des Palastes hören konnte. Dann brachte er den scheußlichen Hund wieder zum Eingang jener Höhle, die in die Unterwelt führte. Kaum hatte er die Kette gelöst, verschwand Kerberos wie ein Blitz in der Finsternis.

Der Heros atmete erleichtert auf. Nun schlug er nicht den Weg nach Mykene ein, sondern den nach Tiryns. Zehn Jahre waren seit dem Zeitpunkt vergangen, da er zum ersten Mal vor Eurystheus hingetreten war, zehn beschwerliche Jahre voller Gefahren, die ihm unvergänglichen Ruhm eingebracht hatten.

Sein Dienst beim König von Mykene war damit beendet. Er hatte nach dem Willen der Götter gehandelt und Vergebung erlangt. Mit unglaublicher Kühnheit und Selbstverleugnung hatte er dafür gebüßt, daß er seine Kinder in einem Anfall von Wahnsinn getötet hatte.

DAS IRDISCHE ENDE

Herakles besiegt den Tod

Die zwölf Arbeiten waren somit vollbracht. Das bedeutet jedoch keineswegs, daß es über das Leben des Heros nichts weiter zu berichten gäbe, ganz im Gegenteil. Schon bald wurde er erneut vor eine Situation gestellt, in der er unter Einsatz seines Lebens all seine Kraft und seinen Mut beweisen mußte. Und zwar in einem Augenblick, da er nichts weniger suchte als Gefahren und Abenteuer.

Als Herakles seinerzeit die Rosse des Diomedes holte, hatte er auf dem Weg nach Thrakien in Pherai Halt gemacht, wo er von König Admetos sehr gastfreundlich empfangen wurde. Der König hatte ihn auf das eindringlichste gebeten, noch etwas zu verweilen und einige unbeschwerte Tage mit ihm zu verbringen. Das war freilich das letzte, wonach Herakles zu jenem Zeitpunkt der Sinn stand. Er mußte nach Thrakien weitersegeln, um die Aufgabe zu erfüllen, die ihm der König von Mykene gestellt hatte, und durfte nicht an sein Vergnügen denken. Immerhin versprach er Admetos, daß er zu ihm zurückkehren würde, wenn er seinen Dienst bei Eurystheus abgeleistet hätte. Dann könnte er ruhigen Gewissens sein Gast sein.

Dieses Versprechen war es, an das sich Herakles jetzt erinnerte und das einzulösen er beschloß, denn nach all den Gefahren und Entbehrungen suchte er nichts weiter als Zerstreuung.

Das Schicksal hatte es mit Admetos gut gemeint. Einige Jahre zuvor war ihm mit Apollons Hilfe etwas Unglaubliches gelungen. Er hatte einen Löwen und einen wilden Eber vor seinen Wagen gespannt und sich von den Tieren in rasender Fahrt in das benachbarte Iolkos ziehen lassen, wo ihm als Preis für diese Tat die Hochzeit mit der schönen Königstochter Alkestis winkte.

Admetos und Alkestis bekamen zwei Kinder, die sie über alles liebten, und sie lebten in Eintracht miteinander. Viele meinten, daß es eine solche Familie kein zweites Mal auf Erden gäbe.

Eines Tages jedoch wurde ihr Glück von einem bösen Unheil überschattet. Der Zufall wollte es, daß es sich zutrug, kurz bevor Herakles nach Pherai kam.

Admetos war plötzlich schwer erkrankt. Die unbarmherzigen Moiren, die den Menschen ihren Anteil am Leben zuteilten, hatten beschlossen, daß er sterben müsse.

Alkestis wußte sich vor Schmerz nicht zu lassen. Es brachte sie an den Rand der Verzweiflung, daß sie nichts tun konnte, um den geliebten Mann zu retten. Noch heftigere Pein bereiteten ihr die Tränen ihrer Kinder, und sie versuchte, trotz ihres eigenen Jammers, tröstende Worte zu finden.

“Wenn ihr die Götter um die Rettung eures Vaters bittet”, versicherte sie ihnen, “werden sie ihn nicht sterben lassen.”

Gemeinsam mit ihren Kindern flehte auch sie die Unsterblichen an, und die Eltern des Königs, ja die ganze Stadt, taten es ihr gleich.

Und die Götter fühlten Erbarmen. Apollon, der Admetos besonders zugetan war, suchte verzweifelt nach einem Weg, um ihm zu helfen. Das schien indessen unmöglich, denn die Moiren hatten dem König von Pherai ein baldiges Ende bestimmt. Diese unbestechlichen Göttinnen, die sich weder durch Bitten noch durch Drohungen erweichen ließen, hatten bis zu jenem Zeitpunkt ihre Beschlüsse noch nie rückgängig gemacht. Weshalb sollten sie es also jetzt tun?

Apollon fand eine Lösung. Er flößte den Moiren Wein ein und machte sie so betrunken, daß sie sich bereit erklärten, das Schicksal des Königs zu ändern. Aber selbst jetzt brachten es die Göttinnen nicht über sich, Admetos das Leben zu schenken, ohne etwas dafür zu fordern.

“Der König von Pherai kann gerettet werden”, schrieben sie also, “wenn einer seiner nächsten Verwandten freiwillig für ihn stirbt.”

Als die Neuigkeit bekannt wurde, erhob sich ein Raunen und Flüstern im großen Saal des Palastes. Admetos mußte um jeden Preis gerettet werden, denn die Stadt hatte noch nie einen so guten und weisen König gehabt. Wer von seinen Verwandten wäre wohl zu einem derartigen Opfer bereit? Nach und nach wurde es totenstill. Jedem drängte sich der gleiche Gedanke auf, und wenige Augenblicke später waren die Augen aller Anwesenden erwartungsvoll auf die greisen Eltern des Königs gerichtet. Man wußte, wie sehr die beiden an ihrem Sohn hingen, überdies waren sie hochbetagt. Das bißchen Leben, das ihnen verblieb, wurde immer beschwerlicher, so daß ihnen der Tod wie eine Erlösung erscheinen mußte. Mit angehaltenem Atem warteten alle darauf, daß einer der beiden zu sprechen begann.

Aber weder die Mutter noch der Vater brachten in diesem kritischen Moment den nötigen Mut auf. Die Liebe zu ihrem Kind konnte die Todesfurcht nicht bannen. In schauderhaften Visionen sahen sie das Reich der Schatten vor sich,

... "Ich werde für Admetos sterben!" rief die blutjunge Alkestis zur Überraschung aller ...

und ihr Entsetzen wurde so groß, daß sie die Köpfe senkten und schwiegen, anstatt erhobenen Hauptes zu verkünden: "Wir werden für Admetos sterben!" Anstelle des ruhmreichen Todes wählten sie die allgemeine Verachtung, und dies, obwohl sie mit einem Bein schon im Grab standen.

Wozu sich die beiden Alten nicht überwinden konnten, das tat nun jemand anders für sie.

"Ich werde für Admetos sterben!" rief die blutjunge Alkestis zur Überraschung aller.

"Allmächtige Moiren, die ihr das Schicksal der Menschen in euren Händen haltet", fuhr sie fort, "ich danke euch, daß ihr dieses eine Mal zugestimmt habt, das Schicksal meines geliebten Mannes zu ändern. Nehmt jetzt mein Leben als Preis für das seine. Da es nun einmal so bestimmt ist, daß wir voneinander lassen müssen, so schickt den grausamen Gott des Todes zu mir und nicht zu ihm. Admetos, Liebster, du mußt verstehen, daß es mir in der Unterwelt tausendmal besser ergehen wird, weil ich weiß, daß du noch am Leben bist, tausendmal besser als hier auf Erden, wenn du dich im finsteren Hades quälst."

"Nein, nein!" schrie Admetos auf, den der Edelmut seiner Frau tief bewegt hatte. "Nimm deine Worte zurück, bevor es zu spät ist, gib zu, daß du einen großen Fehler gemacht hast. Unsere Kinder dürfen nicht die Mutter verlieren! Was du gesagt hast, gilt auch für mich. Auch ich will tausendmal lieber in den finsteren Hades hinabfahren, als ohne dich zu leben."

Nun hatte Alkestis keineswegs die Absicht, ihr selbstloses Anerbieten rückgängig zu machen. Was für Gründe Admetos auch anführte, wie sehr er sie auch anflehte, sie blieb bei ihrem Entschluß. Um dies zu bekräftigen, befahl sie den Dienerinnen, ihr das Sterbelager zu richten. Unbeirrt legte sie das Totenhemd an, um dann noch einmal an den Altar der Hestia zu treten, wo die nie verlöschende, heilige Flamme des Hauses brannte.

"Hestia", begann sie, "Göttin des häuslichen Herdes, Göttin unserer glücklichen Tage! Sieh nur, welches Verhängnis über uns hereingebrochen ist. Du warst immer an unserer Seite, und jetzt brauchen wir dich mehr denn je. Stehe allen bei, die ich hier zurücklasse, ganz besonders bitte ich dich für unsere Kinder, die noch so klein und schwach sind. Halte böse Krankheiten von ihnen fern und führe sie auf den richtigen Weg. Und wenn es Zeit für sie ist zu heiraten, dann sorge dafür, liebe Göttin, daß sie die wahre Liebe erfahren. Sollte ihnen diese Liebe jedoch das Herz zerreißen, so wie es mir geschah, dann wäre es wohl besser, sie würden sie niemals kennenlernen."

Die letzten Worte hatten Alkestis unsägliche Anstrengung

gekostet. Sie konnte sich kaum noch auf den Beinen halten und schleppte sich mühsam zu ihrem Lager. In dem Maße, wie es ihr schlechter ging, kam Admetos wieder zu Kräften.

Die Königin fühlte ihr Ende nahen und sagte mit erstickter Stimme:

“Leb wohl, Admetos. Liebe Kinder, ich muß euch verlassen.”

“Alkestis, meine Alkestis!” rief Admetos, der nun vollkommen geheilt war. Er sprang von seinem Lager hoch und stürzte zu seiner Frau, in dem Glauben, ihr auf irgendeine Art helfen zu können. Doch es war zu spät, seine geliebte Alkestis war tot.

Admetos sank auf die Knie und brach in heftiges Schluchzen aus. Tiefe Trauer senkte sich über den Palast und die ganze Stadt.

Am Tag des Begräbnisses gab es kein Auge, das trocken geblieben wäre. In großer Zahl hatten sich die Einwohner von Pherai eingefunden, um der besten Frau und Mutter der Welt das letzte Geleit zu geben.

Als Admetos in den Palast zurückkehrte, war er nur noch ein Schatten seiner selbst. Er zog sich in sein Gemach zurück und überließ sich hemmungslos seinem Schmerz. Kurze Zeit später öffneten zwei seiner Männer die Tür und verkündeten, daß der große Heros Herakles im Palast eingetroffen sei.

“Herakles”, sprach Admetos wie zu sich selbst, “so hat er also sein Versprechen gehalten und ist gekommen. Welch unglücklicher Augenblick! Er möchte ein paar unbeschwerte Tage mit uns verbringen, und ich kann ihm nichts anderes bieten als bitteres Leid. Doch nein, wir dürfen den trefflichen Mann nicht mit unserem Kummer belasten. Sagt ihm nichts von dem Unheil, das uns ereilt hat. Schließt geschwind die Türen der Frauengemächer, damit das Weinen und Wehklagen nicht im Saal zu hören ist. Ich möchte, daß ihr ihm einen fürstlichen Empfang bereitet, ihm Speise und Trank vorsetzt und ihm Gesellschaft leistet. In meinem jetzigen Zustand kann ich ihm nicht unter die Augen treten, doch ich will versuchen, etwas später hinunterzukommen.”

Es geschah alles, wie Admetos befohlen hatte. Herakles aß und trank, er war fröhlich und guter Dinge, doch nach einer Weile fiel ihm auf, daß er der einzige war, der lachte. Alle, die mit ihm an der Tafel saßen, hielten den Blick gesenkt. Vergebens zerbrach er sich den Kopf, um eine Erklärung für dieses Verhalten zu finden. Nach geraumer Zeit erschien auch Admetos, doch auf seinem Antlitz war keine Spur von Wiedersehensfreude zu entdecken. Als Herakles dem König mit einem strahlenden Lächeln entgegenging, wandte dieser sein Gesicht ab, um sich dann ohne ein Wort der Begrüßung wieder zu entfernen. Nun ahnte der Heros bereits, daß etwas Schreckliches geschehen sein mußte.

Die Dienerin, die ihm Wein brachte, hatte ihr Gesicht mit einem Schleier verhüllt.

"Was in aller Welt ist los mit euch, daß ihr euch vor mir versteckt und kein Wort sagt", fragte Herakles und zog ihr den Schleier herunter.

Er blickte in ein tränennasses Gesicht mit geröteten Augen.

"Du sagst mir auf der Stelle, was hier vorgeht!" schrie Herakles, heftigen Zorn vortäuschend.

Die Frau bekam es mit der Angst zu tun.

"Wie sollten wir wohl fröhlich sein, Fremder", antwortete sie, "wo wir doch erst vor ein paar Stunden die beste Frau der Welt zu Grabe getragen haben."

"Alkestis?" fragte Herakles voller böser Ahnungen.

"Ja, Alkestis", erwiderte die Dienerin, um gleich darauf in ein herzzerreißendes Schluchzen auszubrechen.

Nach und nach erfuhr Herakles die ganze Geschichte, und seine Verwunderung wurde immer größer. Doch schon nahm ein ungeheuerlicher Plan vor seinen Augen Gestalt an.

"Wo befindet sich ihr Grab", fragte er ungeduldig.

Man zeigte ihm die Stelle vom Fenster aus.

Der Heros stürzte ins Freie und lief zu dem Grab. Er war gerade dabei, die schwere Grabplatte anzuheben, als hinter ihm eine donnernde Stimme ertönte:

“Was suchst du hier?”

Es war Charon, der Fährmann der Toten.

“Dich habe ich gesucht”, entgegnete Herakles und stürzte sich auf ihn.

Für Charon kam dieser Angriff völlig unerwartet. Es war unfaßbar, noch nie hatte es ein Sterblicher gewagt, ihm in den Weg zu treten. Er mußte ihm eine Lektion erteilen, an die sich die Menschen noch lange mit Grauen erinnern würden, mußte ihm die Seele entreißen, um sie mit sich in das finstere Reich der Unterwelt zu nehmen, wo sie ewigen Qualen ausgesetzt wäre. Mehr noch als dessen Kühnheit überraschte Charon allerdings die Stärke seines Gegners. Der Boden bebte unter den Füßen der Kämpfenden, und es schien schon fast, als ob der Heros die Oberhand gewinnen würde. Da versuchte Charon, ihm den Hauch des Todes ins Gesicht zu blasen. Zu seinem Glück bemerkte Herakles dies rechtzeitig und drückte den Kopf seines gefährlichen Widersachers nach hinten. Charon unternahm noch einen zweiten und dritten Versuch, doch nun packte ihn der Heros am Hals und würgte ihn so lange, bis der tödliche Atem ausblieb. Auf diese Weise hätte er ihn getötet, wäre Charon nicht unsterblich gewesen. Nun brauchte der Bote der Unterwelt zwar nicht um sein Leben zu fürchten, was aber keineswegs bedeutete, daß er den Würgegriff lange aushalten konnte. Es bereitete ihm unsägliche Schmerzen, keine Luft zu bekommen, und er sah sich schließlich gezwungen nachzugeben.

“Verlange von mir, was du willst”, flüsterte er mit kaum hörbarer Stimme, “ich werde es dir gewähren.”

Herakles lockerte seinen Griff, er zog Charon so nah zu sich heran, daß sich ihre Gesichter beinahe berührten, und rief dann mit donnernder Stimme:

“Ich will Alkestis zurück!”

Diese Forderung war ungeheuerlich, doch Charon wagte es nicht, sie dem Heros zu verweigern, so sehr hatte ihn dieser eingeschüchtert. Er hob die Grabplatte und ergriff Alkestis’ Hand. Die Königin stand tatsächlich auf, wie durch ein Wunder wieder zum Leben erweckt.

“Nimm sie mit”, sagte Charon beschämt. “Sie lebt, sprechen wird sie allerdings erst in drei Tagen.” Und mit diesen Worten verschwand er.

Herakles bedeckte das Antlitz der Königin mit ihrem Schleier, nahm sie bei der Hand und führte sie in den Palast.

Admetos saß gebeugt auf seinem Thron und blickte nicht

... “Admetos, sieh nur, wen ich dir gebracht habe”, wieder-holte Herakles nachdrücklich ...

einmal auf.

"Es ist an der Zeit, Admetos, daß du deinen Kummer vergißt und wieder froh wirst. Sieh dir diese Frau hier an meiner Seite an." Herakles lüftete den Schleier, der Alkestis' Gesicht bedeckte.

Admetos würdigte sie keines Blickes.

"Du mußt von Sinnen sein, Herakles", entgegnete er, "daß du glaubst, ich würde mir eine neue Frau nehmen. Wie könnte ich meine Kinder einer Stiefmutter überlassen, wo sie die beste Frau auf Erden als Mutter hatten."

"Admetos, sieh nur, wen ich dir gebracht habe", wiederholte Herakles nachdrücklich.

Widerwillig hob der König den Kopf.

"Ihr Götter", entfuhr es ihm, "was für ein Trugbild ist das? Laßt es noch ein wenig verweilen!"

"Es ist kein Trugbild, Admetos", sagte der Heros, "es ist Alkestis, und sie lebt. Ich habe Charon besiegt, das kann ich zwar selbst noch nicht so recht glauben, aber wie du siehst, habe ich sie dir zurückgebracht. Sie wird wieder bei dir und den Kindern sein. Du mußt nur noch drei Tage Geduld haben, bis sie spricht, und dann könnt ihr ein großes Freudenfest feiern. Doch ich werde euch nun verlassen, versucht nicht, mich zu halten. Zum Feiern bin ich hergekommen, doch danach steht mir jetzt nicht mehr der Sinn. Ich bin so froh, daß es keiner Feste bedarf. Lebt wohl, möge euch das Glück nie verlassen." Bevor der König etwas erwidern konnte, wandte sich Herakles zum Gehen.

Admetos war von der unerwarteten Wendung, die die Dinge genommen hatten, so überwältigt, daß er keine Worte des Dankes fand.

"Leb wohl, großer Herakles" sagte er nur, als der Heros schon außer Hörweite war.

Herakles freit um Iole

Herakles' erster Gedanke war es gewesen, geradewegs nach Tiryns zurückzukehren, doch unterwegs änderte er seine Absicht. Er hatte sich vieles durch den Kopf gehen lassen und war zu der Schlußfolgerung gelangt, daß in seinem Leben etwas Wichtiges fehlte. Natürlich erfüllte es ihn mit Genugtuung, daß er die schwierigsten Prüfungen glanzvoll bestanden hatte, und doch sehnte er sich im Moment nach nichts anderem als nach Zärtlichkeit und Liebe.

Als der Heros nach Chalkis kam, hörte er davon, daß König Eurytos von Oichalia eine Tochter besaß, die schön wie Aphrodite und klug wie Athene war. Er beschloß, geradewegs in dieses Königreich zu ziehen, das sich auf der Insel Euboia befand, und um die Hand des Mädchens anzuhalten. Die Liebe von Admetos und Alkestis hatte einen tiefen Eindruck bei ihm hinterlassen.

Nun mögen die Menschen Pläne schmieden, soviel sie wollen, wenn die Götter anderes mit ihnen vorhaben, nützt ihnen das nicht viel. Und für Herakles, der Hera zur Feindin hatte, war es doppelt schwer, einen eigenen Weg im Leben zu finden.

Kaum hatte der Heros seinen Dienst bei Eurystheus beendet, suchte die Göttin schon nach einer Möglichkeit, ihn abermals irgendeinem infamen Herrscher zu verpflichten. Da aber ihre bisherigen Bemühungen, ihn aus dem Weg zu räumen, nur zur Mehrung seines Ruhmes beigetragen hatten, verfiel sie schließlich auf etwas anderes.

“Wenn ich Herakles soweit bringen könnte”, grübelte sie, “daß er einen Unschuldigen tötet... Die Götter würden in Zorn geraten und ihn bestrafen. Dann hätte ich vielleicht die Möglichkeit, ihn so zu demütigen, daß sein Ruhm in Vergessenheit gerät. Unter Umständen bietet sich jetzt in Oichalia eine günstige Gelegenheit. Eurytos ist raffiniert, das muß ich mir zu Nutzen machen.”

Der König von Oichalia hatte vier Söhne und eine Tochter. Seine Frau lebte nicht mehr, und er wollte das Mädchen für sich behalten, damit es ihn im Alter versorgte. Das gab er aber nicht offen zu, und als Herakles vor ihm erschien, sagte er zu ihm:

"Ich werde dir Iole zur Frau geben, sollte es dir gelingen, mich oder einen meiner Söhne im Bogenschießen zu besiegen."

Diese Bedingung hatte Eurytos bisher allen Freiern gestellt, denn er glaubte, daß es auf der ganzen Welt keine besseren Bogenschützen als ihn und seine Söhne gab.

In der Tat hatten sich bereits die berühmtesten Bogenschützen Griechenlands um die schöne Iole beworben, und sie waren alle besiegt worden. Das war freilich nicht weiter verwunderlich, hatte doch Eurytos diese besondere Geschicklichkeit von Apollon selbst verliehen bekommen, dem Gott, dessen Pfeile niemals ihr Ziel verfehlten.

Als sich Herakles auf den Wettkampf einließ, war der König von Oichalia hocherfreut. Insgeheim malte er sich schon aus, wie er sich später mit seinem Sieg über den berühmten Heros brüsten konnte. Doch dann kam alles anders, als er dachte. Herakles erwies sich als der bessere Schütze, er besiegte sowohl ihn selbst als auch seine Söhne.

Eurytos war außer sich. Er würde Iole auf keine Fall hergeben, soviel stand fest. Ohnmächtig vor Zorn begann er, den Heros zu beschimpfen:

"Geh mir aus den Augen, du Betrüger! Wie konntest du

es wagen, mit magischen Pfeilen, die niemals ihr Ziel verfehlen, gegen uns anzutreten. Hast du etwa geglaubt, ich würde meine Tochter einem Sklaven des Eurystheus zur Frau geben?"

"Es wird dir noch teuer zu stehen kommen", entgegnete Herakles, "daß du dein Wort nicht hältst und mich obendrein noch beleidigst. Ich schwöre bei Zeus, daß ich dir das niemals vergessen werde." Der Heros ließ den König stehen und ging voller Wut davon.

Iphitos

Eurytos' unehrenhaftes Verhalten wurde von seinen Söhnen gutgeheißen. Lediglich Iphitos, der älteste von ihnen, konnte sich nicht damit abfinden.

"So geht es nicht!" rief er. "Wir haben unser Wort gegeben und es gebrochen, wir wurden besiegt und geben es nicht zu. Zu guter Letzt beschimpfen wir auch noch den, dem wir Unrecht getan haben. Und trotz alledem wollen wir als Männer gelten, ja vielleicht sogar als Helden, schamlos wie wir nun einmal sind. Ich schäme mich aber. Wir müssen Iole Herakles zur Frau geben, er hat uns klar besiegt und damit gezeigt, daß er mehr wert ist als wir. Doch es gibt noch einen anderen Grund. Wir haben kein Recht, Iole nicht heiraten zu lassen."

"Gib acht, was du sagst, Iphitos", ereiferte sich Eurytos. "Iole wird niemals heiraten, das könnt ihr euch hinter die Ohren schreiben, du und deine Schwester. Bis jetzt bestimme immer noch ich hier im Haus. Halte deine Zunge im Zaum, sonst wird es dir übel ergehen!"

Einige Zeit später trug es sich zu, daß ein Sohn des Hermes dem König von Oichalia eine Rinderherde stahl. Es war ein schlauer Bursche, Autolykos genannt, der über Zauberkräfte verfügte. Er veränderte die Farbe der Tiere, damit sie von niemandem erkannt wurden, und zog dann mit ihnen nach Tiryns, wo er sie als seine eigenen ausgab und an Herakles verkaufte.

Kaum hatte Eurytos den Diebstahl bemerkt, als er überall lautstark verkündete, daß Herakles der Schuldige sei.

"Es ist offenkundig", schrie er, "er wollte sich an uns rächen. Damit hat er ja gedroht, als er wegging. Und weil er nicht den Mut hatte, sich das Vieh am hellichten Tag mit dem Schwert zu holen, raubte er es heimlich in der Nacht."

"Herakles ist kein Dieb", entgegnete Iphitos aufgebracht. "Anstatt ihn zu Unrecht zu beschuldigen, sollten wir den wirklichen Täter suchen, uns unsere Herde zurückholen und ihn bestrafen, wie er es verdient hat."

"Ich brauche deinen Rat nicht", unterbrach ihn der König. “Wir wissen, wer es war. Um die Rinder ist es mir nicht leid, sie sind mir den Beweis wert, was für eine Art von Schwiegersohn du mir einreden wolltest - einen elenden Viehdieb!”

“Und ich werde dir beweisen, daß Herakles unschuldig ist!” erwiderte Iphitos. “Ich will allein auf die Suche gehen und den Dieb finden.”

Ohne Zeit zu verlieren, machte er sich auf den Weg. Er folgte der Fährte der Tiere, die ihn auf den Peloponnes führte und an einem Stall in der Nähe von Tiryns endete. Als er danach fragte, wem das Gebäude gehörte, bekam er eine Antwort, die ihn in nicht geringes Erstaunen versetzte. Es war Herakles’ Stall...

“Das ist doch nicht möglich!” rief er. “Nein, das kann ich nicht glauben. Herakles kann die Rinder nicht gestohlen haben. Wenn ich zu ihm gehe, hilft er mir sicher, den Dieb zu finden.”

Iphitos suchte tatsächlich den Heros auf und erzählte ihm alles. Wie es kam, daß er der Fährte der Rinder gefolgt war und wie ihn diese dann nach Tiryns geführt hatte.

Herakles runzelte die Stirn.

“Das Vieh im Stall habe ich von Autolykos bekommen”, sagte er, und seine Stimme klang leicht verärgert. “Ich habe es ihm gestern abgekauft. Wenn du dich aber vergewissern willst ..."

"Ich habe nicht den geringsten Zweifel, daß du mit der Sache nichts zu tun hast", unterbrach ihn Iphitos. "Die Götter sind meine Zeugen, ich bin nur gekommen, um dich um Hilfe zu bitten."

"Wenn du den Dieb fassen willst, mußt du als erstes das gestohlene Vieh finden", entgegnete Herakles. "Laß uns auf den höchsten Turm der Burg steigen. Von dort oben hat man einen weiten Blick über die Ebene, und du müßtest die Rinder eigentlich sehen, wenn sie hier sind."

Sie gingen nach oben, und Iphitos suchte aufmerksam die ganze Umgebung ab. Doch obwohl die Tiere gerade zu seinen Füßen weideten, konnte er sie nicht erkennen, weil Autolykos ihre Farbe verändert hatte.

"Ich kann kein einziges unserer Rinder entdecken" sagte der junge Mann, "wie es scheint, haben mich die Hufspuren getäuscht."

Das war der Augenblick, auf den Hera gewartet hatte, um den klaren Verstand des Heros zu trüben. Das Blut stieg ihm zu Kopf, sein Blick wurde irre. Er war seiner Sinne nicht mehr mächtig und schrie außer sich vor Zorn:

"Es ist nicht wahr, daß dich die Hufspuren getäuscht haben. Du hast mich von Anfang an für einen Dieb gehalten. Jetzt will ich dir geben, was du verdient hast!"

Mit diesen Worten stieß er Iphitos in die Tiefe.

Die Götter waren über diese Tat zutiefst empört. Lediglich auf Grund eines Verdachtes und ohne die Angelegenheit zu prüfen hatte Herakles einen Menschen getötet, der in Wirklichkeit sein Freund war. Obendrein hatte er dies auf verachtungswürdige Art und Weise getan, ohne dem anderen Gelegenheit zur Gegenwehr zu geben. Die Unsterblichen hielten den Mord an Iphitos für ein schreckliches Verbrechen, denn sie wußten nicht, daß Hera ihre Hand im Spiel hatte.

Um Herakles zu strafen, schickte ihm Zeus eine schwere Krankheit. Eine qualvolle Zeit begann für den Heros. Als sich lange kein Zeichen der Besserung einstellen wollte, beschloß er, das Orakel von Delphi um Rat zu fragen, wie er sich von dem Übel befreien konnte.

Die weissagende Priesterin gab ihm zu verstehen, daß sie nicht gewillt sei, jemandem, der einen feigen Mord begangen habe, einen Orakelspruch zu verkünden.

Herakles fühlte sich durch diese Worte tief gekränkt. Sonst vor Kraft und Gesundheit strotzend, konnte er das plötzliche Siechtum nicht länger ertragen, deshalb wurde er so zornig, daß er der Priesterin den Dreifuß wegzog, auf dem sie saß.

In diesem Augenblick erschien Apollon vor ihm, der Gott,

... Schließlich wurde Zeus auf die Streitenden aufmerksam
und trennte sie mit einem Donnerkeil ...

der über das Orakel von Delphi gebot.

“Was tust du da, Herakles”, rief er barsch.

“Ich nehme den Dreifuß mit, um ein neues Orakel zu gründen”, entgegnete der Heros. “Ihr wollt mir ja keine Antwort geben.”

Apollon packte den Dreifuß am anderen Ende und schrie:

“Laß ihn los, Herakles, sonst nehme ich ihn dir mit Gewalt weg!”

“Wenn du das schaffst, dann tu es doch!” versetzte der Heros und zerrte nur um so stärker an seiner Seite, bis die beiden schließlich handgemein wurden.

Obgleich Herakles durch sein Leiden geschwächt war, attackierte er Apollon so heftig, daß dieser ihn nicht besiegen konnte. Doch auch der Heros war gegen den Gott machtlos. Ihr Kampf dauerte viele Stunden, ohne daß es zu einem Ergebnis gekommen wäre. Schließlich wurde Zeus auf die Streitenden aufmerksam und trennte sie mit einem Donnerkeil, von dessen Wucht Herakles in eine Richtung geschleudert wurde, Apollon in eine andere und der Dreifuß in eine dritte.

Zeus bestimmte, daß Apollon den heiligen Dreifuß zurückerhielt. Dafür mußte er der weissagenden Priesterin befehlen, Herakles eine Antwort zu geben, was sie dann auch tat.

Ihr Orakelspruch lautete:

“Sohn der Alkmene, höre mich gut an. Die Krankheit, an der du leidest, wurde dir vom allmächtigen Zeus als Strafe dafür geschickt, daß du Iphitos, den Sohn des Eurytos, unrechtmäßig getötet hast. Um dich von dem Übel zu befreien und Vergebung von den Göttern zu erlangen, mußt du dich für zwei Jahre als Sklave verkaufen. Den Erlös dafür soll Eurytos als Entschädigung bekommen, weil er durch dich einen Sohn verloren hat.”

Herakles im Dienst der Omphale

So kam es, daß Herakles erneut seine Freiheit verlor. Hermes, der Gott des Handels, hatte es übernommen, ihn als Sklaven zu verkaufen. Bevor er freilich dazu kam, beeilte sich Hera schon, ihm Omphale, die Königin Lydiens, als willige Käuferin zu präsentieren. Sie wurden sich schnell handelseinig, und der berühmte Heros war nun der Sklave einer hochmütigen, boshaften Herrscherin.

Für Omphale war es eine Genugtuung, den Sohn der Alkmene in ihren Diensten zu wissen. Herakles sollte für sie keine Heldentaten vollbringen, ihr lag einzig und allein daran, ihn zu erniedrigen, denn das gab ihr das Gefühl, weit über ihm zu stehen. So dumm war diese Königin. Hera war über den Lauf der Dinge hocherfreut, glaubte sie doch, Herakles würde sich dermaßen lächerlich machen, daß in Zukunft alle statt Bewunderung nur noch Verachtung für ihn empfänden.

Omphale demütigte den Heros, wo sie nur konnte. Wenn sie sich an ihn wandte, um ihm Befehle zu erteilen, tat sie das in einer Art, als ob er der geringste ihrer Diener wäre. Sie sorgte dafür, daß ihm Arbeiten aufgebürdet wurden, die einem starken Mann nicht anstanden und die damals nur von den Mägden verrichtet wurden. So mußte er den Palast kehren, Wäsche waschen, kochen und spinnen.

Dennoch, und das war merkwürdig genug, zeigte der große Heros niemals auch nur das geringste Mißfallen darüber, daß er diese "niederen" Arbeiten verrichten mußte, an die er nicht gewöhnt war.

"Ich habe einen Unschuldigen getötet", sagte er sich immer wieder, "und dafür muß ich büßen. Wenn ich meinen freudlosen Dienst hier anständig zu Ende bringe, wird mir die Seele des Iphitos vielleicht vergeben."

Aus diesem Grund bemühte sich Herakles, selbst die unbedeutendsten Arbeiten peinlich genau zu erledigen. Dabei ging es ihm nicht um Omphale, sondern um Iphitos.

Die Königin befremdete der Eifer ihres Sklaven sehr. Was sie ihm auch auftrug, er führte es stets zu ihrer Zufriedenheit aus. Obwohl sie mit allen Mitteln versuchte, ihn zu erniedrigen, konnte sie keinerlei Zeichen von Unmut an ihm entdecken, und das ärgerte sie. Sie wußte vermutlich nicht, daß ehrliche Arbeit niemals eine Schande ist, ganz gleich, worum es sich handelt. Und daß zum wirklichen Heldentum nicht nur große Taten gehören, sondern auch die kleinen Mühen des Alltags. Sie mögen bedeutungslos erscheinen und sind es doch nicht. Mit Fleiß und Gewissenhaftigkeit müssen sie bewältigt werden, denn in ihnen spiegelt sich die Seele jedes Menschen und jedes Helden. Woher sollte eine Frau wie Omphale das wissen, wo es doch nicht einmal Hera wußte, die ja glaubte, den Heros mit niederen Arbeiten demütigen zu können.

Doch die Zeit bei Omphale war nicht nur mit alltäglichen Dingen ausgefüllt. Der Heros mußte auch hier Abenteuer und Gefahren bestehen, und er vollbrachte so manche große Tat zum Wohle der Menschen jener Region.

So tötete er zum Beispiel den schrecklichen Lityersis, einen Riesen, der ahnungslose Fremde überfiel und seinen Durst an ihrem Blut stillte. Seinen gewaltigen Körper warf er in die schäumenden Fluten des Maiander. Am Ufer des Flusses Sagaris besiegte er in erbittertem Kampf eine riesige Schlange, die eine ständige Bedrohung für die Menschen und das Vieh in der Umgebung darstellte. Und nicht zuletzt befreite er Lydien von dem gefürchteten Banditen Syleus, der die Gewohnheit hatte, jeden Fremden zu ergreifen und ihn zu zwingen, seine Weingärten umzugraben, um ihn dann zu töten.

Die Kerkopen

Unter den vielen Taten, die Herakles während seiner Dienstzeit bei Omphale vollbrachte, war auch ein Abenteuer ganz anderer Art.

An einem heißen Sommertag hatte sich Herakles schon in aller Frühe auf den Weg in das benachbarte Ephesos gemacht, wo es Verschiedenes zu erledigen gab. Um die Mittagszeit, als die Hitze unerträglich wurde, legte er sich in den Schatten eines Baumes, um ein wenig auszuruhen. Bald schon wurden ihm die Lider schwer, und er schlief ein. So entdeckten ihn zwei Zwerge, Kerkopen genannt, die überall als Diebe und meisterhafte Lügner, aber auch als lustige Gesellen bekannt waren. Sie zogen von Stadt zu Stadt und von Land zu Land, und ihr Ruf ging ihnen stets voraus. Diese besondere Popularität lag darin begründet, daß sie es mit Scherzen und komischem Gehabe letztendlich immer wieder fertigbrachten, der Strafe für ihre Übeltaten zu entgehen.

Als die Kerkopen Herakles so friedlich schlafen sahen, beschlossen sie, ihm die Waffen zu stehlen. Zu zweit packten sie seinen Schild und versteckten ihn in einem Gebüsch. Sie entwendeten Bogen und Pfeile und versuchten dann, die Keule wegzutragen, für deren Gewicht ihre Kräfte freilich nicht ausreichten. So ließen sie sie liegen und probierten es statt dessen mit dem Schwert, das der Heros um die Taille gebunden trug. Wie sie so zerrten und zogen, erwachte der Schlafende. Obwohl die beiden Zwerge zu Tode erschrokken waren, ließen sie sich nichts anmerken, sondern vollführten sogleich allerlei groteske Sprünge und Purzelbäume, mit denen sie jedem Zirkus Ehre gemacht hätten. Herakles durchschaute jedoch, daß sie ihn durch diese Possen ablenken wollten, und als er das Fehlen von Schild und Bogen bemerkte, wurde er wütend. Obwohl er die Waffen schon im nächsten Augenblick hinter dem Buschwerk bemerkte, beschloß er, den Männlein eine Lehre zu erteilen. In der ersten Wallung seiner Gefühle wollte er sie verprügeln. Diesen Gedanken verwarf er allerdings schnell wieder, denn ein Schlag von ihm hätte genügt, um sie auf der Stelle zu töten. Die Kerkopen hatten inzwischen den Versuch unternommen, sich unter Scherzen und närrischem Gehabe unbemerkt davonzuschleichen. Der Heros fing sie jedoch wieder ein.

"Das führt ihr also im Schilde", sagte er. "Jetzt werdet ihr sehen, was ich mit euch mache!"

Er band die komischen Wesen mit den Füßen an die beiden Seiten eines Stabes, lud sich diesen auf die Schulter und trug sie so, mit den Köpfen nach unten hängend, hinweg, um sie in Ephesos einem Gericht zu übergeben.

Nun besaßen die Kerkopen viel zu viel Humor, um sich von ihrer unbequemen Lage beeindrucken zu lassen. Den ganzen Weg über schnitten sie spaßige Grimassen und machten skurrile Verrenkungen in der Luft, so daß sich Herakles schließlich das Lachen nicht verbeißen konnte. In Ephesos angekommen, hatte er die Männlein so in sein Herz geschlossen, daß er sie von ihren Fesseln befreite und davonlaufen ließ.

So schien es, als ob die beiden Spaßvögel auch dieses Mal mit dem Schreck davongekommen wären, doch das war ein Irrtum. Herakles hatte ihnen zwar verziehen, nicht aber Zeus. Der Göttervater geriet in großen Zorn darüber, daß sie versucht hatten, seinen Sohn zu bestehlen, und versteinerte sie. Tatsächlich existiert in der Nähe von Ephesos ein Felsen, auf dem man zwei Zwergenfiguren zu erkennen meint. Es heißt, daß es sich hierbei um die Kerkopen handelt, mit deren Gaunereien es nun ein für allemal vorbei ist.

Schließlich ging die Zeit bei Omphale ihrem Ende zu.

... er trug sie so, mit den Köpfen nach unten hängend, hinweg,
um sie in Ephesos einem Gericht zu übergeben...

Mit Fleiß, Verantwortungsbewußtsein und Geduld hatte Herakles den Mord an Iphitos abgebüßt und kehrte nun als freier Mann nach Griechenland zurück.

Herakles kämpft um Deianeira

Auf dem Weg in die Heimat mangelte es dem Heros nicht an Zeit, und so kam es, daß er über vieles nachdachte. Er erinnerte sich an Meleager, dem er in der Unterwelt begegnet war, als er Kerberos auf die Erde holte, und es fiel ihm wieder ein, daß er dem Toten versprochen hatte, seine Schwester zu beschützen.

“Vielleicht ist mir all dies zugestoßen, weil ich mein Wort nicht gehalten habe”, dachte Herakles. “Anstatt mich um Deianeira zu kümmern, habe ich um Iole gefreit.”

Aufgrund dieser Überlegungen beschloß er, unverzüglich nach Aitolien zu ziehen, um König Oineus von Kalydon um die Hand seiner Tochter zu bitten.

Als er sein Ziel erreicht hatte, mußte Herakles feststellen, daß der Königspalast von jungen Männern aus allen Teilen Griechenlands belagert war, die mit der gleichen Absicht gekommen waren. Er erfuhr aus ihren Gesprächen, daß Deianeiras Vater beschlossen hatte, seine Tochter demjenigen zu geben, der die anderen im Ringkampf besiegen würde. Nun gab es für Herakles unter den Freiern nur einen ernsthaften Rivalen, und das war der bisher noch von niemandem besiegte Flußgott Acheloos. Er besaß die Fähigkeit, sich im Kampf zu verwandeln. Mal war er eine gefleckte Schlange, mal ein Stier und dann wieder ein Mensch, meistens zeigte er sich jedoch in einer Gestalt, in der diese drei Erscheinungen vereint waren. An einem gewaltigen Schlangenleib saßen die Arme und der Kopf eines Menschen, und auf der Stirn trug er ein Paar Stierhörner. Weil er ein Flußgott war, rannen ununterbrochen schäumende Wasserströme aus seinem zottigen Bart. Deianeira brachte es nicht über sich, ihn auch nur anzusehen, und sie wollte lieber sterben, als seine Frau zu werden.

Die übrigen Freier betrachteten Acheloos mit Entsetzen. Einer nach dem anderen zog sich vom Kampfplatz zurück, denn niemand wollte es wagen, mit so einem Ungeheuer zu ringen.

Einzig Herakles ließ sich nicht beirren.

“Ich bin besser und stärker als du”, provozierte ihn der Flußgott mit einem verächtlichen Lächeln. “Niemand hat mich bisher besiegen können. Selbst die Götter fürchten mich, und die Menschen bringen mir in Dodone sogar Opfer dar. Ich bin der Vater aller griechischen Flüsse und kein Landstreicher wie du.”

“Du taugst einzig und allein dazu, Schimpfreden zu führen”, entgegnete der Heros. “Mit Worten magst du deine Gegner vielleicht besiegen, wenn du das einen Sieg nennst, doch ich werde jetzt meine Hände dafür benutzen.” Und er stürzte sich auf seinen Rivalen.

Acheloos verschlug es die Sprache. So viel Kraft und Verwegenheit war ihm bisher noch nicht vorgekommen. Obwohl er wie ein Löwe kämpfte, mußte er sich bald eingestehen, daß ihm der Heros überlegen war. Da blieb ihm nichts weiter übrig, als seine Verwandlungskünste einzu-

setzen. Er nahm die Gestalt einer Schlange an und glitt seinem Gegner aus den Händen. Herakles packte das Tier sofort am Hals, und Acheloos, der Angst hatte, erwürgt zu werden, verwandelte sich in einen Stier. Der Heros erwischte ihn an den Hörnern, stemmte ihn hoch und warf ihn dann auf den Rücken. Sein Griff war so derb gewesen, daß eines der Hörner abbrach. Der Flußgott brüllte vor Schmerz, als er auf dem Boden aufschlug.

"Was sagst du jetzt?" rief Herakles mit schrecklicher Stimme.

“Gib mir mein Horn zurück, Deianeira gehört dir”, entgegnete Acheloos beschämt.

So kam es dazu, daß der Sohn des Zeus die Tochter des Oineus heiratete. Kurze Zeit später beschloß der Heros, sich mit seiner Frau in Trachis niederzulassen, wo sein Freund, König Keyx, regierte. Dessen Frau Alkyone würde Deianeira Gesellschaft leisten, wenn er selbst nicht zu Hause war.

Auf dem Weg in ihre neue Heimat mußten die beiden den Fluß Euenos überqueren, an dessen Ufer sie den Kentauren Nessos trafen. Für ein geringes Entgelt erbot er sich, die Reisenden auf seinem Rücken über die Fluten zu tragen. Herakles ließ Deianeira aufsitzen, während er selbst schwamm.

Kaum war Nessos am anderen Ufer angekommen, stürmte er auf und davon, denn er wollte die schöne Frau des Heros für sich behalten.

Herakles spannte sofort den Bogen, und obwohl der Kentaur schon weit entfernt war, erreichte ihn der Pfeil noch. Das Geschoß, dessen Spitze mit dem Gift der Hydra von Lerna benetzt war, bohrte sich tief in Nessos’ Leib, und damit war dessen Schicksal besiegelt. Bevor er starb, sann der Kentaur auf Rache. Deshalb sagte er zu Deianeira:

“Ich habe einen großen Fehler begangen, und um das wiedergutzumachen, will ich dir nützlich sein. Fange das frische Blut, das aus meiner Wunde läuft, in einem Gefäß auf und bewahre es gut. Ich wünsche dir, daß du es niemals brauchst, doch falls du irgendwann glaubst, deinen Mann an eine andere Frau zu verlieren, dann warte auf eine mondhelle Nacht und tränke ein Kleidungsstück mit dem Blut. Trägt Herakles dieses, so kannst du sicher sein, daß er zu dir zurückkehrt, denn mein Blut besitzt Zauberkräfte."

Deianeira befolgte den Rat des Kentauren und versteckte das Gefäß sorgfältig vor ihrem Mann. Sie konnte nicht ahnen, daß sich das furchtbare Gift der Hydra von Lerna mit Nessos' Blut vermischt hatte.

Herakles und Deianeira lebten einige Jahre glücklich und in Frieden miteinander. Sie bekamen vier Kinder, ihr ältester Sohn hieß Hyllos und ihre jüngste Tochter Makaria.

Die Eroberung Trojas

Selbstverständlich verbrachte der Heros nicht seine ganze Zeit zur Hause, denn ohne Bewährungsproben konnte er inzwischen kaum noch leben.

Kurze Zeit nach seiner Hochzeit unternahm er einen Feldzug gegen Troja, um Laomedon zu bestrafen, der einst skrupellos sein Wort gebrochen hatte. Schon Apollon und Poseidon hatte der König von Troja um ihren verdienten Lohn geprellt, und Herakles war es ebenso ergangen, obwohl er dessen Tochter Hesione vor dem sicheren Tod bewahrt hatte.

Der Heros scharte eine Gruppe tapferer Männer aus Trachis und anderen Teilen Griechenlands um sich und stach mit achtzehn Schiffen in See. Unter den ersten, die ihm zur Hilfe eilten, war natürlich Telamon aus Salamis, der Hesione keinen Augenblick lang vergessen hatte.

Nach einer kurzen Belagerung Trojas gab Herakles den Befehl zum Angriff. Nun war Telamon nicht mehr zurückzuhalten. Wie ein Besessener stürmte er voran, durchbrach die Mauern und drang als erster in die Stadt ein. Erst als er sich umblickte und Herakles hinter sich gewahrte, hielt er inne. Ihm wurde plötzlich bewußt, daß er dem Heros nicht den Vorrang gelassen hatte, und weil er dessen Zorn fürchtete, bückte er sich und sammelte einige Steine auf.

"Was tust du da, Telamon?" fragte Herakles.

"Ich baue Herakles, dem Siegreichen, einen Altar", entgegnete Telamon.

Sei es, daß er sich geschmeichelt fühlte, sei es, daß er die Geistesgegenwart des anderen bewunderte, Herakles gefiel diese Antwort. Er mahnte Telamon nur, keine Zeit zu verlieren, dann stürmten beide Seite an Seite in den Königspalast, gefolgt von den übrigen Männern. Dort war ihnen ein schneller Sieg vergönnt. Sie töteten den König und nahmen viele Trojaner gefangen, unter denen sich auch Hesione und ihr Bruder Podarkes befanden.

Als die Stadt erobert war, schenkte Herakles Telamon die schöne Hesione als Siegesbeute. Dem jungen Mann aus Salamis stand die Freude im Gesicht geschrieben.

Hesione aber war das Herz schwer.

"Ich bin untröstlich, daß unsere Stadt ein solches Unglück ereilt hat", sagte sie, "auch der Tod meines Vaters dauert mich sehr. Ich weiß jedoch, daß er eine schwere Schuld auf sich geladen hat, und deshalb beuge ich mich dem Willen der Männer, die mir einst das Leben retteten. Doch wird mein Schmerz leichter zu tragen sein, wenn ihr meinen Bruder freilaßt, denn er ist der einzige, der mir noch geblieben ist."

"Wenn es hier jemanden gibt, der als Sklave verkauft werden muß, dann ist er es!" schrie Herakles. "Er kann froh sein, daß er noch lebt."

Mit einem inständigen Blick bat Telamon den Heros, Hesione ihren Wunsch zu erfüllen.

Herakles deutete das stumme Flehen seines Gefährten richtig. Er machte absichtlich ein zorniges Gesicht und fügte hinzu:

"Wir werden ihn nicht freilassen, wenn du ihn nicht loskaufst!"

Nun besaß Hesione nichts, womit sie ihren Bruder freikaufen konnte. Sie dachte fieberhaft nach, bis ihr ein kühner Gedanke kam.

"Ich gebe euch meinen Schleier", sagte sie zögernd.

"Großartig!" rief Herakles. Und er schenkte Podarkes nicht nur die Freiheit, sondern machte ihn überdies noch zum König von Troja. Von diesem Augenblick an hieß Hesiones Bruder Priamos, was soviel bedeutet wie "derjenige, der losgekauft wurde".

Kurze Zeit später konnte man die Segel setzen, und die Schiffe nahmen Kurs in Richtung Westen.

Doch Hera ließ sich die Gelegenheit nicht entgehen, um den Heros erneut in Gefahr zu bringen. Sie schickte zunächst den Gott des Schlafes zu Zeus, um sicher zu sein, daß der Göttervater sie nicht beobachtete. Dann türmte sie mit Hilfe des Nordwindes berghohe Wellen vor den Schiffen auf, die, dem Sinken nahe, weit von ihrem Kurs abgetrieben wurden und sich schließlich vor der Insel Kos wiederfanden. Als sie in einer windstillen Bucht vor den tosenden Elementen Schutz suchten, gerieten sie erneut in große Bedrängnis. Die Bewohner der Insel, die die Ankömmlinge für Piraten hielten, warfen von der steilen Küste Steine auf sie herab, so daß sie gezwungen waren, an Land zu gehen und sich dem Kampf zu stellen. Erst als die Einheimischen besiegt waren, erkannten sie, mit wem sie es zu tun hatten. Nun bereuten sie ihr Verhalten und versuchten Herakles und seinen Gefährten durch reiche Geschenke zu besänftigen.

Während dieser Auseinandersetzung war Zeus erwacht und sah den Heros, der von einem herabfallenden Stein verletzt worden war, mit blutender Wunde kämpfen. Beunruhigt stieg er selbst vom Himmel herab, entfernte seinen Sohn vom Schlachtfeld und geleitete ihn zu den Schiffen, wo man ihm einen Verband anlegte, um das Blut zu stillen.

Der mächtige Herr über Götter und Menschen geriet ohnehin leicht in Zorn, doch dieses Mal war er außer sich. Er hatte sofort durchschaut, daß Hera an allem schuld war, deshalb packte er die Göttin, fesselte ihre Handgelenke mit goldenen unzerbrechlichen Ketten und hängte sie in den Wolken, zwischen Himmel und Erde, auf. Um ihre Qual ins Unerträgliche zu steigern, befestigte er an ihren Füßen zwei eiserne Ambosse, die sie mit ihrem enormen Gewicht nach unten zogen. Hera stöhnte vor Schmerz, sie bettelte um Hilfe, doch niemand wagte es, sie zu befreien. Zeus hatte den übrigen Göttern gedroht, sie vom Olymp zu werfen, wenn sie sich einmischten. Damit hätte dann ihr letztes Stündlein geschlagen, und ihre Unsterblichkeit hätte ihnen nichts mehr genützt. Denn wie groß Heras Schmerzen auch sein mochten, sie waren nichts im Vergleich zu den Qualen, die er aus Sorge um seinen Sohn ausgestanden hatte. Herakles war ihm lieber als alle Götter zusammen.

Knapp dem Tode entronnen, zögerte der Heros allerdings nicht, sich sofort auf ein neues, weitaus gefährlicheres Abenteuer einzulassen.

Der Kampf mit den Giganten

Die unbesiegbaren Giganten, Kinder der Erdgöttin Gaia, hatten den Göttern des Olymp den Krieg erklärt. Nun war die Reihe an Athene, die dem Heros schon so oft geholfen hatte, ihn ihrerseits um Beistand zu bitten. Und zum ersten Mal sah Herakles Angst in den Augen der mächtigen Göttin.

Bei den Giganten handelte es sich um gräßliche Wesen mit zottigen Bärten und wildem Blick, doch das furchtbarste an ihnen war, daß ihre Beine in zwei dicken, starken Schlangenleibern endeten. Riesig von Gestalt und mit gewaltigen Körperkräften ausgestattet, verbreiteten sie überall Angst und Schrecken. Sie waren imstande, ganze Berge aus ihrer Verankerung im Boden zu heben und auf ihre Feinde zu schleudern. Aber nicht nur durch ihre Stärke, auch zahlenmäßig waren sie den Göttern überlegen. Allein vierzig Giganten sind heute namentlich bekannt, und ihre Gesamtzahl wurde mit über hundert angegeben. Außerdem besaßen sie von der Erdgöttin ein magisches Kraut, das sie für die Götter unverletzbar machte. Im Vollgefühl ihrer Überlegenheit hatten die Giganten beschlossen, die Götter vom Olymp zu vertreiben, um selbst die Erde zu beherrschen. Wenn es diesen schrecklichen Wesen nun gelänge, ihren Plan zu verwirklichen, dann wäre die Schönheit der Welt für immer verloren, und den Menschen bliebe nur Schmerz und Leid.

Es begann ein Kampf, der verheerende Ausmaße annahm. Seit der Titanenschlacht hatte man auf Erden Ähnliches nicht mehr erlebt, und die Götter waren noch nie einer so großen Gefahr ausgesetzt gewesen. Es kam der Moment, wo sie von den Giganten zum Olymp zurückgedrängt wurden. Die Angreifer türmten Felsbrocken zu einer riesigen Steinpyramide aufeinander, um die goldenen Paläste zu erstürmen. Das wäre ihnen vermutlich auch gelungen, hätte nicht Zeus eingegriffen und sie zum Rückzug gezwungen. Der Göttervater sandte einen so heftigen Hagel von Donnerkeilen auf die Giganten hinab, daß es den Anschein hatte, als sei das Ende der Welt gekommen. Die Schlacht verlagerte sich nun auf die Halbinsel Chalkidike im Norden Griechenlands, wo die Giganten herstammten.

Nun waren diese schrecklichen Wesen zwar für die Waffen der Götter unverwundbar, nicht jedoch für die der Menschen. Es mußte sich nur jemand finden, der den Mut dazu aufbrachte, gegen sie zu kämpfen. Das war freilich nicht so einfach. Die Götter setzten all ihre Hoffnungen auf Herakles, und aus diesem Grund ging Athene geradewegs zu ihm. Er war kühn und stark und besaß außerdem die Pfeile mit dem Gift der Hydra von Lerna. Vielleicht konnte er die Olympier retten.

Der Heros zögerte keinen Augenblick. Er brach sofort auf und machte sich auf den Weg in Richtung Norden.

Die Schlacht tobte inzwischen auf Pallene, dem westlichsten Finger der Halbinsel Chalkidike. Götter und Giganten rangen so verbissen miteinander, daß die Erde in ihren Grundfesten erschüttert wurde. Ein um das andere Mal ließ Zeus ganze Schauer von Donnerkeilen niederprasseln, Blitze zuckten über den Himmel, und der Donner rollte ohne Unterlaß. Die Götter kämpften wie die Löwen, und doch gab es nicht die geringste Hoffnung für sie. Unverletzt, ja ohne den kleinsten Kratzer, gingen die Giganten aus jedem Angriff hervor. Schon schickten sie sich an, die Olympier in die finstersten Tiefen der Erde zu schleudern, als Herakles auf dem Kampfplatz erschien.

Ein erster, ein zweiter und ein dritter Pfeil des Heros

schwirrte durch die Luft, um in massigen Körpern steckenzubleiben. Das waren die ersten Toten auf der Seite der Giganten. In der allgemeinen Verwirrung, die nun folgte, fand ein vierter Pfeil sein Ziel. Er bohrte sich dem fürchterlichen Alkyoneus in die Brust, doch der Riese wankte nicht einmal. Herakles schaute sich verständnislos um. Da rief ihm Athene zu, daß Alkyoneus unsterblich sei, solange er heimatlichen Boden unter den Füßen habe. Der Heros packte seinen Gegner und trug ihn weg. Kaum hatte er das Gebiet von Pallene verlassen, starb der Gigant.

Während seiner Abwesenheit hatte ein anderer Gigant, Porphyrion mit Namen, Hera in die Enge getrieben. Obwohl Herakles wußte, daß die Göttin ihn bis auf den Tod haßte, zögerte er keinen Augenblick, sie zu retten. Kaum war er zurück, tötete er Porphyrion mit einem seiner Giftpfeile. Hera glaubte, ihren Augen nicht zu trauen. Sie fühlte sich durch den Großmut des Heros tief beschämt, und es drängte sich ihr die Frage auf, was aus ihr und den anderen Göttern geworden wäre, wenn sie vermocht hätte, ihre Pläne gegen Herakles in die Tat umzusetzen. Viel Zeit für derartige Gedanken blieb ihr allerdings nicht, denn der Kampf ging weiter.

Sieben Giganten stellten Aphrodite nach. Herakles war sofort zur Stelle und tötete sie, einen nach dem anderen.

Als die Götter sahen, daß die Kräfte der Giganten nachließen, schöpften sie neuen Mut. Von dem Zeitpunkt an, da der Heros sein Werk der Vernichtung begonnen hatte, waren die furchtbaren Wesen auch für die Waffen der Götter nicht mehr unverwundbar. Athene durchbohrte Pallas mit ihrem langen Speer, Hephaistos verbrannte Klytios mit rotglühendem Eisen, Dionysos erschlug Eurytos mit seinem Stab. Hermes, Artemis und die Schicksalsgöttinnen töteten weitere vier Giganten. Einzig der Kriegsgott Ares lief vor Ephialtes davon. Dieser schreckliche Gigant wurde wenige

Augenblicke später von Apollon verwundet, und der herbeieilende Herakles versetzte ihm den Todesstoß.

Mit Grauen sahen die Giganten, daß der sichere Sieg in eine Niederlage umzuschlagen drohte. Sie wußten natürlich, wer für die neue Situation verantwortlich war, und verfielen deshalb darauf, all ihre Kräfte auf den Heros zu konzentrieren. Zehn von ihnen stürmten gleichzeitig auf Herakles los, der sich dadurch keineswegs aus der Ruhe bringen ließ, sondern unbeeindruckt einen Pfeil nach dem anderen aus dem Köcher zog. Hätte auch nur eines dieser Geschosse sein Ziel verfehlt, so wäre es um ihn geschehen gewesen. So aber erschoß er alle zehn Gegner mit sicherer Hand. Die Schlacht näherte sich nun allmählich ihrem Ende, die letzten Giganten stürzten zu Boden. Herakles' Pfeile und Zeus' Donnerkeile hatten ihre Wirkung nicht verfehlt. Zwei der Riesen suchten ihr Heil in der Flucht, doch die Götter nahmen die Verfolgung auf. Poseidon erreichte Polybutes in der Nähe der Insel Kos. Er brach mit seinem Dreizack ein Stück von dem Eiland ab und warf es auf den Giganten. Auf diese Weise entstand eine neue Insel in der Ägäis, die Nisyros genannt wurde. Athene hetzte Enkelados, der von allen Giganten am meisten gefürchtet wurde, über Wasser und Land und schleuderte schließlich die Insel Sizilien auf den Fliehenden. Es gelang ihr jedoch nicht, ihn zu töten. Tief in der Erde begraben, krümmt und windet er sich noch heute und verursacht heftige Erdbeben auf der ganzen Welt.

So oder ähnlich soll es sich zugetragen haben. Die Menschen jener fernen Vergangenheit ließen Herakles in der Geschichte vom Kampf mit den Giganten auf den Gipfel seines Ruhmes gelangen. In ihrer Phantasie besiegte der Sohn der Alkmene die schrecklichsten Wesen, die es auf Erden gab, und wurde somit zum Retter der Götter.

Die Rache des Nessos

Die Gigantenschlacht war die letzte große Bewährungsprobe für Herakles, und es bleibt jetzt nur noch über den Feldzug nach Oichalia zu berichten, mit dem er König Eurytos bestrafen wollte. Obgleich dieses Unternehmen von Erfolg gekrönt war, wurde es dem Heros zum Verderben, denn es war die Ursache für sein irdisches Ende. Andererseits eröffnete es ihm den Weg zur Unsterblichkeit.

Herakles hatte es Eurytos und seinen Söhnen niemals verziehen, daß sie wortbrüchig geworden waren und ihm Iole nicht gegeben hatten. Außerdem setzte es ihm nach all der Zeit immer noch zu, daß er sich obendrein ihre Schmähungen hatte anhören müssen.

Wie läßt es sich erklären, daß der Heros diese alte Geschichte nicht vergessen konnte? Was kümmerte es ihn noch, daß man ihm Iole einst verweigert hatte, wo doch inzwischen längst Deianeira seine Frau war?

Nun, Herakles hatte geschworen, daß er Eurytos bestrafen würde. Viel Zeit war seitdem vergangen, und er durfte es nicht länger aufschieben. Eurytos wiederum, der sich auf seine Söhne und sein starkes Heer verließ, zeigte Herakles seine Verachtung, wo er nur konnte. Er prahlte damit, daß der Heros angeblich Angst vor ihm hätte, ja seine Vermessenheit ging so weit, daß er den Sohn der Alkmene öffentlich als eidbrüchig bezeichnete, weil er Krieg geschworen und den Schwur nicht gehalten hatte. Dabei vergaß er seine eigene, äußerst unehrenhafte Rolle in dieser Angelegenheit.

Unter solchen Umständen blieb Herakles keine andere Wahl, als gegen Oichalia ins Feld zu ziehen.

Viele tapfere junge Männer waren bereit, an seiner Seite zu kämpfen, ein ganzes Heer brachte der Heros zusammen. Er griff Oichalia an, eroberte die Stadt und tötete den unverschämten König samt seinen Söhnen. Doch damit ist unsere Geschichte nicht zu Ende, ihr wichtigster Teil kommt erst noch.

Von den Gefangenen dieses Feldzuges wählte Herakles zwei oder drei Männer und eine größere Anzahl Frauen aus und schickte sie mit einem seiner Getreuen, Lichas mit Namen, zu seiner Frau nach Hause.

Deianeira fiel unter den Ankömmlingen eine junge Frau von verblüffender Schönheit auf, deren kostbare Gewänder und vornehme Körperhaltung auf eine edle Herkunft schließen ließen. Als sie Lichas nach der Fremden fragte, versicherte dieser, nicht zu wissen, wer sie sei. Erst von einer der anderen Gefangenen erfuhr Deianeira, daß es sich um Iole, die Tochter des Eurytos, handelte.

Glühende Eifersucht wallte plötzlich in Deianeiras Herzen auf. Sie hatte Angst, daß Herakles nun Iole zur Frau nehmen würde, die um vieles jünger und schöner als sie selbst war.

Ob diese Befürchtungen berechtigt waren oder nicht, sei dahingestellt. Man findet nirgends Hinweise darauf, daß Herakles Iole für sich wollte. Der Heros war so beliebt, daß man ihm selbst seine Schwächen verzieh und großzügig über sie hinwegsah.

Nun ist die Eifersucht in den meisten Fällen ein schlechter Ratgeber, und Deianeira konnte bald nicht mehr klar und vernünftig urteilen. In ihrer Verzweiflung verfiel sie auf den Gedanken, den "Liebeszauber" des Kentauren Nessos anzuwenden. Vielleicht konnte es ihr auf diese Weise gelingen, Herakles zu halten.

Sie öffnete eine Truhe und entnahm ihr ein prächtiges Untergewand, das sie selbst gewebt hatte. Dann ging sie in den Hof hinaus, um das Hemd im Mondschein mit dem Blut des Kentauren zu tränken. Sie konnte freilich nicht ahnen, daß sich das stärkste Gift der Welt, das Gift der Hydra von Lerna, mit dem Blut vermischt hatte. Als sie fertig war, legte sie das Hemd in eine Schatulle und rief Lichas herbei.

"Lauf damit sofort zu Herakles", trug sie ihm auf. "In diesem Kästchen ist ein Hemd, das ich eigenhändig für ihn gewebt habe. Sag ihm, ich möchte, daß er es trägt, wenn er dem großen Zeus ein Opfer bringt."

Lichas nahm die Schatulle entgegen und verschwand mit ihr in der Nacht, um seinen Auftrag auszuführen.

Am nächsten Morgen machte Deianeira eine Entdeckung, die sie vor Entsetzen erstarren ließ. An der Stelle im Hof, wo sie in der Nacht das Hemd gefärbt hatte, waren die Quadersteine rot vom Blut des Kentauren. Als nun die ersten Sonnenstrahlen den Untergrund erwärmten, begannen die Flecken Blasen zu schlagen. Grüner Schaum sonderte sich ab, und bevor Deianeira sich's noch versah, hatte das starke Gift Löcher in die Steine gefressen. In diesem Augenblick erst kam ihr zu Bewußtsein, was sie eigentlich schon längst hätte wissen müssen - daß sich Nessos an Herakles rächen wollte und daß ihm nicht im entferntesten etwas daran lag, ihr zu helfen. Halb wahnsinnig vor Angst rief sie ihren ältesten Sohn herbei.

"Lauf, so schnell du kannst, nach Oichalia", keuchte sie. "Bleibe unterwegs nicht stehen, du mußt dort sein, bevor dein Vater das Gewand anzieht, das ich ihm geschickt habe. Es ist vergiftet!"

"Was redest du da, Mutter!" entgegnete der Knabe. "Wie hast du das gemacht?"

"Frag jetzt nicht, du kommst zu spät", schrie Deianeira.

“Lauf und rette deinen Vater vor einem grauenvollen Tod.”

Hyllos lief davon, als ob er von den Erinnyen gehetzt würde, doch er kam zu spät. Herakles war zeitig aufgestanden, um sich für das Opfer bereitzumachen. Er konnte es nicht erwarten, das Geschenk seiner Frau anzuziehen. Als die ersten Strahlen der Morgensonne auf das Gewand fielen, erwärmte sich das vergiftete Blut, mit dem es durchtränkt war. Da vernahm er einen gellenden Schrei:

“Zieh das Hemd aus, es ist vergiftet!”

Es war Hyllos, der es gerade noch fertigbrachte, diese Worte hervorzustoßen. Dann stürzte er zu Boden, völlig entkräftet von dem frenetischen Lauf.

Im gleichen Augenblick durchfuhr den Heros ein jäher Schmerz. Es war, als ob sein Körper verbrannte. Er wollte sich das Hemd vom Leib reißen, aber es klebte so fest, daß er sein Fleisch mit losriß. Bald wurde es unerträglich. Herakles, der noch nie in seinem Leben einen Schmerzenslaut von sich gegeben hatte, selbst in der größten Bedrängnis nicht, brüllte jetzt vor Qual so laut, daß es bis in den Himmel zu hören war. Und zwischendurch stieß er heftige Verwünschungen gegen Deianeira aus, die an allem schuld war.

“Bringt mich fort” stöhnte er, “hier ersticke ich. Bringt mich nach Trachis, damit Deianeira sehen kann, was sie angerichtet hat.”

Sie trugen Herakles auf ein Schiff und fuhren mit ihm nach Trachis.

Hyllos lief den anderen voraus und rief seiner Mutter schon von weitem zu:

“Du hast den besten Menschen der Welt getötet. Den größten Helden, der jemals auf Erden gelebt hat.”

Deianeira stieß einen Schrei aus und wich mit vor Entsetzen weit geöffneten Augen ins Haus zurück. Wenige Sekunden später verstummte ihr Schluchzen. Als Hyllos zu ihr ging, fand er sie tot in einer Blutlache.

Der Knabe lief zu seinem Vater zurück.

“Mutter hat sich das Leben genommen”, sagte er, doch es war fraglich, ob die Worte den Heros noch erreichten, der sich unter Zuckungen wand.

“Bringt mich auf den höchsten Gipfel des Oita”, keuchte er. “Ich will dort in der Nähe der Götter sterben.”

Als die Männer oben angekommen waren, befahl er ihnen, Zweige für einen Scheiterhaufen zusammenzutragen und ihn daraufzulegen.

Es geschah alles, wie er es anordnete. Niemand wagte es zu widersprechen.

Herakles legte Hyllos seine kleinen Geschwister ans Herz und sagte ihm, daß er Iole heiraten solle, sobald er zum Manne herangereift sei. Und dann befahl er: “Zündet den Scheiterhaufen an!"

Die Männer sahen sich an. Niemand von ihnen brachte es übers Herz, den großen Heros bei lebendigem Leib zu verbrennen, obwohl sie wußten, daß der Tod in den Flammen tausendmal leichter zu ertragen wäre als seine jetzigen Qualen.

"Zündet ihn an!" ertönte Herakles' Stimme erneut. Auch dieses Mal rührte sich niemand.

"Hyllos, tu, was ich verlange!" stöhnte der Heros.

Der Knabe war nicht in der Lage zu gehorchen.

"Feuer! Feuer! Hat denn niemand Mitleid mit mir."

Es zerriß den Männern fast das Herz, doch noch immer reagierten sie nicht. In diesem Moment kam der berühmte Bogenschütze Philoktetes hinzu. Er hatte Erbarmen mit dem Heros, und als ihm dieser die Pfeile mit dem Gift der Hydra von Lerna versprach, war er schließlich bereit, den Holzstoß anzuzünden.

Die Apotheose des Herakles

Noch bevor die Flammen Herakles erreichten, begann es zu donnern. Die Blitze des Zeus erleuchteten das ganze Firmament, und ein Wagen, vor den vier geflügelte Rosse gespannt waren, schwebte vom Himmel herab. In ihm standen Athene und Hermes. Aus dem nahen Wald kamen Nymphen herbeigelaufen. Sie hielten Krüge mit Wasser in den Händen, mit dem sie das Feuer löschten. Die beiden Götter nahmen Herakles bei der Hand. Der Heros erhob sich und war auf der Stelle geheilt. Athene und Hermes geleiteten ihn zum Wagen, woraufhin die Pferde ihre großen Flügel ausbreiteten und zum Olymp flogen.

Dort wurde Herakles in den Kreis der Unsterblichen aufgenommen. Zeus und Hera, die von ihrem Thron herabgestiegen waren, gingen ihm entgegen, und niemand konnte in diesem Augenblick seine Rührung verbergen. Hera hatte sich endlich mit Herakles versöhnt. Sie bedeutete ihrer Tochter Hebe, dem neuen Gott Nektar einzuschenken. Dann nahm sie deren zarte, weiße Hand, um sie in die breite Hand des Heros zu legen. Die Götter gratulierten dem jungen Paar, und kurze Zeit später wurde ein prächtiges Hochzeitsfest gefeiert. Von nun an lebte Herakles mit Hebe glücklich und zufrieden in den goldenen Palästen der Götter.

Obgleich der große Heros die Erde verlassen hatte, vergaßen ihn die Menschen nicht. Heiligtümer entstanden, in denen man ihm Opfer spendete. Ihm zu Ehren fanden in den Städten regelmäßig sportliche Wettkämpfe statt, die Herakleia genannt wurden. Vor allem aber gefiel es den Menschen, von seinen unglaublichen Taten und seinem mühevollen Leben zu erzählen. Kein anderer Heros und auch keiner der Götter beschäftigte ihre Phantasie so sehr wie Herakles. Er war so beliebt, daß sein Name bis heute nicht vergessen ist, obwohl seitdem Tausende von Jahren vergangen sind. Herakles ist wahrhaftig unsterblich geworden.

WER IST DER WAHRE HERAKLES? Diese Frage stellte sich dem Autor, als er beim Quellenstudium zu diesem Buch auf eine Vielzahl verschiedenster Texte stieß. Die Mythen von Herakles wurden im Lauf der Zeit so oft verändert und erweitert wie kein anderes Kapitel der griechischen Mythologie. Das wird dadurch zum Problem, daß es sich um Änderungen handelt, die nicht ohne Hintergedanken vorgenommen wurden und vom Geist des Originals entschieden abweichen. Sie sind der Gestalt des Heros eigentlich fremd, entstellen seinen Charakter und tragen Züge einer anderen Zeit als die, um die es hier geht. So findet man die widersprüchlichsten Aussagen über den Sohn der Alkmene und kommt nicht umhin, ernsthaft abzuwägen, welche davon angemessen sind und welche nicht.

Wir haben unsere Wahl getroffen und jene Hinzufügungen beiseite gelassen, die ganz offensichtlich in bestimmter Absicht entstanden sind. Dennoch halten wir es für richtig, sie der Vollständigkeit halber an dieser Stelle zu erwähnen, zumal man aus ihnen bestimmte Schlußfolgerungen ziehen kann.

Unserer Meinung nach lassen sich diese Zusätze in drei Gruppen unterteilen.

Die ältesten darunter sind jene, die den Namen des Heros mit vielen Frauen in Verbindung bringen, was zur Folge hat, daß er zum Vater zahlreicher Kinder gemacht wird. Nun ist es nichts Neues in der griechischen Mythologie, daß ein Held in diesem Licht gezeigt wird. In Herakles' Fall steht es jedoch in frappantem Widerspruch zu einem Leben, das in all seinen Bestrebungen auf Buße und Verzicht ausgerichtet ist. Doch obgleich diese Zusätze das Ansehen des Heros untergraben und uns über seine wahren Ziele im Unklaren lassen, enthüllen sie eine wichtige Tatsache. Herakles war so beliebt bei den Menschen, daß sich viele Männer gerade ihn zum Vater wünschten. Denn einzig darum ging es bei diesen Verfälschungen. Bezeichnenderweise waren alle Kinder, die dem Heros später “angedichtet” wurden, Söhne. Viele Herrscher zogen ihren Vorteil aus dem großen Namen, und es ist einleuchtend, daß ihre Zahl von der Bedeutung des von ihnen erwählten Namens zeugt. So kurios es auch erscheinen mag: Will man die Beliebtheit eines Gottes oder eines Heroen der griechischen Mythologie messen, so muß man unter anderem berücksichtigen, wie viele Nachkommen ihm zugeschrieben werden. Herakles übertrifft hierin sogar Zeus selbst. Dabei darf nicht vergessen werden, daß die Liebe der Menschen zu den Göttern ihren Ursprung in der Angst hatte, während sich ihre Liebe zu Herakles lediglich auf Bewunderung gründete, was ihr noch größeren Wert verleiht. Es ist in der Tat bemerkenswert, daß etwa neunzig Kinder des Herakles Erwähnung finden. Die seinem Tod folgende Zeit kriegerischer Auseinandersetzungen, für die es historische Belege gibt, wurde “Rückkehr der Herakliden” genannt. Herakliden bedeutet hier soviel wie Herakleskinder. Viele griechische Könige gaben sich damals als Söhne oder Nachfahren des Heros aus, und das gleiche taten einige Zeit später auch einige Herrscher Kleinasiens. Ja, es kam sogar der Zeitpunkt, wo man behauptete, daß die Kolonisten Sardiniens Herakles’ Nachkommen seien. Legendäre Stammesführer wie Skythes, Galates und Keltos, die den entsprechenden Volksstämmen ihre Namen gaben, galten als seine Söhne. Daraus ist ersichtlich, daß sich der Ruhm des großen Heros auch weit über die Grenzen Griechenlands hinaus verbreitete.

Wirklich entstellt wurden die Heraklesmythen jedoch nicht durch diese Art der Hinzufügungen, sondern durch zwei andere: jene, die den Heros der Perversität bezichtigten und jene, die ihn verächtlich machten, denn auch das hat es gegeben.

Nun lohnt es unserer Meinung nach nicht der Mühe, auf die erste Kategorie näher einzugehen. Es war einfach so, daß manche Herrscher abartige Gewohnheiten hatten, und um diese zu rechtfertigen, behaupteten sie, daß Herakles ebenso veranlagt war. Die Götter wurden oft auf ähnliche Weise in Verruf gebracht, offensichtlich wollte man sich um jeden Preis hinter einem großen Namen verstecken, auch wenn man diesen dadurch verunglimpfte. Es muß jedoch betont werden, daß derartige Verfälschungen erst zu späteren Zeiten vorgenommen wurden, also ursprünglich nicht Bestandteil der Mythen waren.

Ausgesprochen wesensfremd sind der griechischen Mythologie auch jene Zusätze, die in der offenkundigen Absicht entstanden sind, Herakles herabzuwürdigen. Aus eigennützigen Motiven heraus versuchten einst die Athener ihren Heros Theseus über Herakles zu erheben. Viele Jahrhunderte nach der Zeit, in der er gelebt haben soll, wurde der große Heros wiederum ernsten Verleumdungen und Schmähungen ausgesetzt. Das ging sogar so weit, daß man behauptete, Omphale hätte ihm Frauenkleider angezogen. Man zeichnete das Bild eines Mannes, der seine Kräfte im Kampf gegen Windmühlenflügel vergeudete und mit dessen Intelligenz es nicht weit her war. Damals wurde Athen zum geistigen Zentrum Griechenlands, daher ist es nicht verwunderlich, daß diese Darstellungsweise auch heute noch jeden beeinflußt, der sich nicht verdeutlicht, daß es sich um Verfälschungen handelt, die bedeutend jünger sind als die Mythen selbst. Nun wird man es in der griechischen Mythologie kaum erleben, daß ein Gott oder Heros ohne jegliche Schwächen dargestellt wird, dafür ist sie viel zu tief in der Wirklichkeit verwurzelt. Das gilt natürlich auch für Herakles. Doch der Heros war gerecht, davon zeugt sein mühevolles Leben, ja sein ganzes Wirken. Und er war klug. In alten Quellen wird er sogar als weise bezeichnet. Als Knabe schon mußte er sich vor Gericht verteidigen, wobei er mit seinem Scharfsinn die Richter in Erstaunen setzte. Einige Jahre später bewaffnete er die Thebaner und führte sie gegen Orchomenos, dabei zeigte er den Erfindungsgeist und die Entschlossenheit eines großen Feldherrn. Auch bei der Bewältigung der zwölf Arbeiten war es immer wieder sein scharfer Verstand, der ihm half, gefährliche Situationen durch geschicktes Vorgehen zu meistern. Es besteht also kein Zweifel, daß Herakles klug und gerecht war. Ohnehin gibt erst seine Größe den Versuchen, ihn herabzusetzen, einen Sinn. Die Herrscher von Athen hätten keinen Grund für ihre Verleumdungen gehabt, wenn nicht sogar die Athener Herakles mehr schätzen und lieben würden als ihren eigenen Heros Theseus.

Nun mag es auf den ersten Blick so erscheinen, als ob diese drei Arten von Hinzufügungen dem Heros ernsthaft schaden. In letzter Hinsicht verdeutlichen sie jedoch nur, daß Herakles bei den Menschen so beliebt war wie kein anderer Gott oder Mensch. Altertumsforscher sollten sich die Frage stellen, weshalb das so war, um auf diese Weise dem wahren Herakles näher zu kommen. Doch damit das möglich wird, muß man unserer Meinung nach zuerst von Auffassungen Abstand nehmen, die ihn als "Personifizierung der Sonne" ansehen oder als Figur, die aus fremden Mythen nach Griechenland gelangte. Vielleicht sollte man ernsthaft erwägen, ob dieser legendäre Herakles nicht das glorifizierte Bild eines Helden ist, der tatsächlich gelebt hat und dessen Ruhm sich darauf gründete, daß er den "großen König von Mykene" lächerlich machte, daß er Erginos von Orchomenos, Augeias von Elis, Diomedes von Thrakien,

Laomedon von Troja, Eurytos von Oichalia und andere Herrscher besiegte und bestrafte, ohne selbst jemals König zu werden.

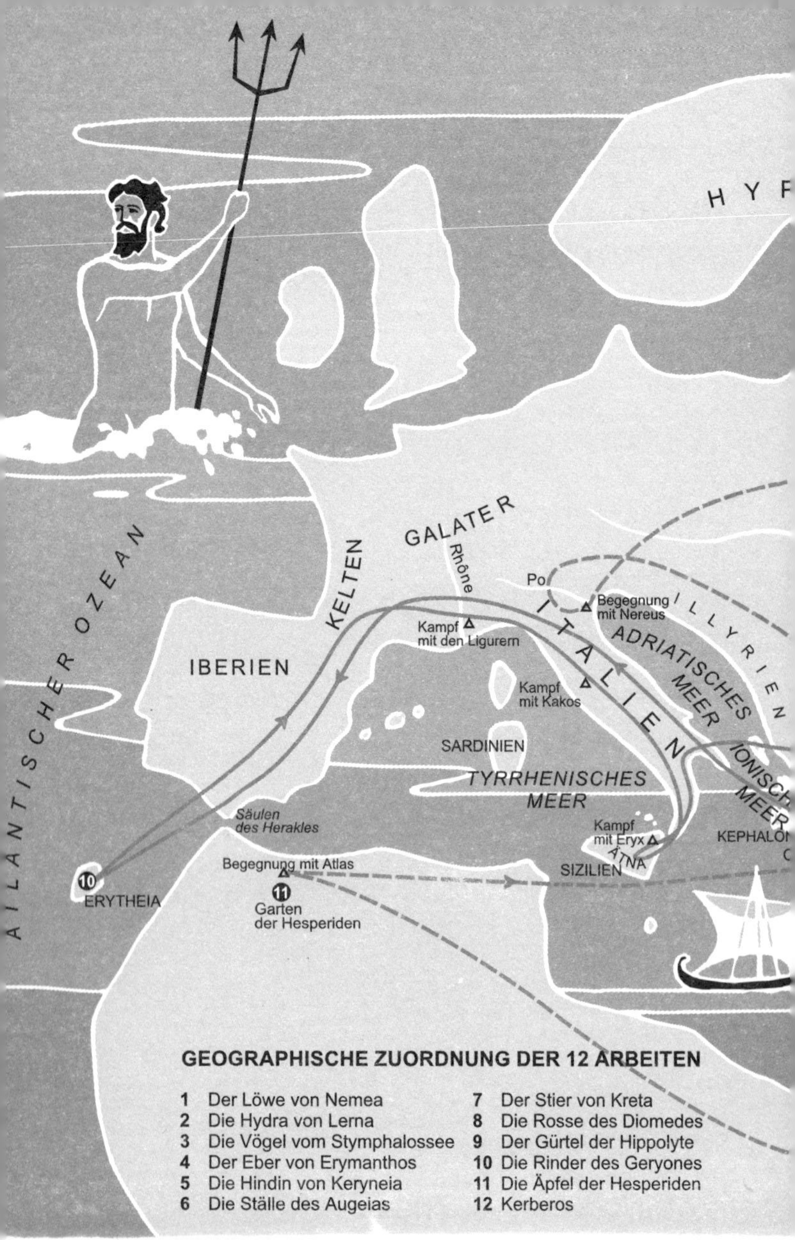

GEOGRAPHISCHE ZUORDNUNG DER 12 ARBEITEN

1 Der Löwe von Nemea
2 Die Hydra von Lerna
3 Die Vögel vom Stymphalossee
4 Der Eber von Erymanthos
5 Die Hindin von Keryneia
6 Die Ställe des Augeias
7 Der Stier von Kreta
8 Die Rosse des Diomedes
9 Der Gürtel der Hippolyte
10 Die Rinder des Geryones
11 Die Äpfel der Hesperiden
12 Kerberos

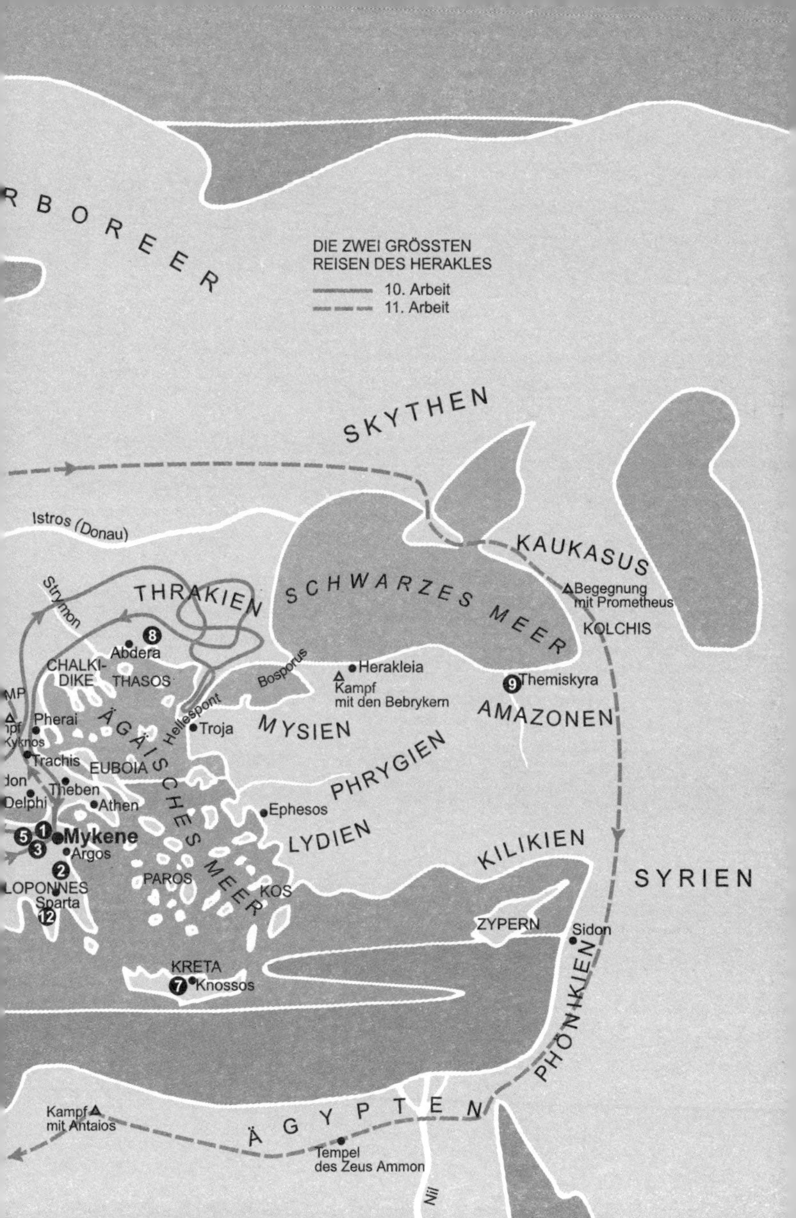
DIE ZWEI GRÖSSTEN
REISEN DES HERAKLES
10. Arbeit
11. Arbeit
RBOREER
SKYTHEN
Istros (Donau)
KAUKASUS
Begegnung mit Prometheus
KOLCHIS
THRAKIEN
SCHWARZES MEER
Strymon
8
Abdera
CHALKI-DIKE
THASOS
Bosporus
Herakleia
Kampf mit den Bebrykern
9
Themiskyra
AMAZONEN
Hellespont
Troja
MYSIEN
Pherai
Kyknos
ÄGÄISCHES MEER
Trachis
EUBOIA
PHRYGIEN
Theben
Delphi
Athen
Ephesos
1
5
3
Mykene
Argos
LYDIEN
KILIKIEN
2
PAROS
SYRIEN
LOPONNES
Sparta
12
KOS
ZYPERN
Sidon
PHÖNIKIEN
KRETA
7
Knossos
Kampf mit Antaios
ÄGYPTEN
Tempel des Zeus Ammon
Nil